文化视域下大学生心理健康教育研究

张东伟◎著

吉林大学出版社
·长春·

图书在版编目（CIP）数据

文化视域下大学生心理健康教育研究 / 张东伟著 .
长春 : 吉林大学出版社 , 2024. 8. -- ISBN 978-7-5768-3579-3

Ⅰ. G444
中国国家版本馆 CIP 数据核字第 2024NL0703 号

书　　名　文化视域下大学生心理健康教育研究
　　　　　WENHUA SHIYU XIA DAXUESHENG XINLI JIANKANG JIAOYU YANJIU
作　　者　张东伟　著
策划编辑　殷丽爽
责任编辑　殷丽爽
责任校对　安　萌
装帧设计　守正文化
出版发行　吉林大学出版社
社　　址　长春市人民大街 4059 号
邮政编码　130021
发行电话　0431-89580036/58
网　　址　http：/ / www. jlup. com. cn
电子邮箱　jldxcbs@ sina. com
印　　刷　天津和萱印刷有限公司
开　　本　787mm × 1092mm　1/16
印　　张　11.5
字　　数　200 千字
版　　次　2024 年 8 月　第 1 版
印　　次　2024 年 8 月　第 1 次
书　　号　ISBN 978-7-5768-3579-3
定　　价　72. 00 元

前言

心理健康教育可对改善大学生心理健康状况、缓解大学生生活和学习压力起到一定的作用，但是传统的治疗型心理健康教育模式存在发现问题后才去解决问题的弊端，而积极心理学则能消除旧有心理健康教育模式的弊端，是当今心理教育研究的主流，它正在同社会文化相融合，在教育过程中发挥自己应有的作用，以独特的魅力展示了心理学在教育过程中固有的现实意义。

在当代文化视域中，大学生在获得知识的同时，又不可避免地承受着因文化变迁所带来的文化震荡而产生的心理压力。大学生由于文化问题所引起的心理健康问题已经引起广泛关注。

不同文化的个体在痛苦的表达、经历和应对方式上存在着显著的差异，文化适应过程是充满压力和各种困难的，文化适应过程中的个体产生的心理问题较多，并且文化适应水平和文化适应方式也会对个体的心理健康状况产生很大的影响。目前国内关于大学生心理健康教育的研究非常多，但是关于多元文化环境下大学生心理健康教育的理论研究则少之又少。仅有的少量研究主要为理论思辨或量化研究中的调查报告，近两年来还出现了少量质化研究和干预研究。深入研究各院校多元文化环境下大学生心理健康状况及差异，解决各院校大学生心理健康教育工作中出现的特殊问题，构建适应各院校多元文化环境特点的大学生心理健康教育策略，对于帮助各院校大学生更好地适应环境、顺利完成大学学业，以及推动各院校大学生心理健康教育工作的快速发展都具有重要的理论及实践意义。

本书第一章为大学生心理健康教育概述，分别介绍了大学生心理健康与心理健康教育的概念与内容、大学生心理健康教育的发展两个方面的内容；本书第二章为文化与心理健康教育，主要介绍了三个方面的内容，依次是文化与心理健康、中国传统文化中的心理健康教育思想、红色文化与心理健康教育的融合；本书第三章为网络文化中的大学生心理健康教育，分别介绍了三个方面的内容，依次是网络和大学生心理健康教育、网络文化与环境对大学生心理健康的影响、网络文化视角下大学生心理健康教育路径；本书第四章为其他多元文化对大学生心理健康的影响，依次介绍了竞争文化对大学生心理健康的影响、传媒文化对大学生心理健康的影响、休闲文化对大学生心理健康的影响、大众文化对大学生心理健康的影响四个方面的内容；本书第五章为多元文化视域下的大学生心理健康教育的构建，主要介绍了两个方面的内容，分别是多元文化视域下大学生心理健康教育的方法和路径、多元文化视域下大学生心理健康教育的评估和保障。

在撰写本书的过程中，笔者参考了大量的学术文献，得到了许多专家学者的帮助，在此表示真诚感谢。由于作者水平有限，书中难免有疏漏之处，希望广大同行批评指正。

张东伟

2024 年 1 月

目录

第一章　大学生心理健康教育概述

本章主要介绍大学生心理健康教育，主要从两个方面进行阐述，分别是大学生心理健康与心理健康教育的概念与内容、大学生心理健康教育的现状和发展。

第一节　大学生心理健康与心理健康教育的概念与内容

一、大学生心理健康与心理健康教育的有关概念

（一）心理健康的定义

心理健康是一个综合性的概念，它涵盖了医学、心理学、社会现象等各个方面。从不同角度去诠解心理健康，会有不同的定义。

心理健康是指个人心理较好的一种状态，指的是个人与外界相互作用时，利用各种调整模式和调控体系，对主体进行主观的、主动的、自觉的反应，从而达到主体与客体的平衡状态。在此必须指出，平衡并非必然状态，个体不可能每时每刻都处在平衡状态中。只有在失衡与平衡的不断转换中，个体才能找到自己成长和发展的方向。个体健康主要包括三个部分，分别是身体健康（生理健康）、心理健康（健康的心理状态）和社会适应能力良好（环境适应能力强）。当人们对物质的基本需求感到满足时，他们将会开始寻求精神世界的丰富，尤其表现为对心理健康的关心和注重，积极健康的心理状态有助于个体更好地适应现实社会生活。

1946 年举办的第三届国际心理卫生大会将心理健康定义为：身体、智力、情绪十分协调；适应环境，在人际交往中能彼此谦让；有幸福感；在工作和职业中能充分发挥自己的能力，过有效率的生活。

德国著名的心理学家英格里希（H.B.English）认为“心理健康是一种持续的心理情况，当事者在那种情况下能进行良好的适应，具有生命的活力，并能充分发展其身心潜能。”①

社会学家波孟（W.W.Boehm）认为：“心理健康就是合乎某一水准的社会行为，一方面能为社会所接受，另一方面能为自身带来快乐。”②

综上所述，笔者认为心理健康是指在与周围环境的相互作用中，个体能够客观认识自我、正确悦纳自我，通过不断自我调整，保持生理上、心理上的正常或适应良好的一种持续发展的心理功能状态。心理健康是一个动态的过程，它并不是一成不变的，心理健康受环境变化、生理因素、个人经历的影响，通过正确有效的干预调整，心理状态可以从亚健康转向健康，心理健康需要同时满足个体的需求和社会的需求，在个人需求与社会需求达到统一时，个体才能保持健康的心理状态。

（二）大学生心理健康的有关概念

1. 大学生心理健康

在当今社会，大学生心理健康问题日益受到重视。大学生心理健康的范畴非常广泛，涵盖了个体、群体乃至整个校园。广义上的大学生心理健康指的是一种综合状态，它要求大学生能够持续保持高效和精力充沛的生活状态，同时也涉及对生活的积极感受和体验，这种心理健康是心理上的平衡与和谐，涉及个人在面对挑战时的自信心和乐观态度；狭义上的大学生心理健康更为具体，它是指大学生在心理层面具有一致性和协调性，即一个人的心理活动要与客观世界相吻合，以保持内在世界与外在环境之间的和谐统一。在这样的背景下，大学生需要具备良好的自我调节能力，能够在复杂多变的环境中找到自己的定位，并通过内外资源的有效整合，实现自我价值的最大化。大学生要不断地完善人格，提高生活质量，促进主体的成长和发展。

大学生心理健康是大学生心理发展的最佳状态，大学生心理健康远不止无心

① 转引自姜萍，曲丹阳，刘丽梅．大学生心理健康实用教程 [M]. 天津：南开大学出版社，2017：3.

② 转引自娄建玮，朱茫茫．心理健康大学生成长攻略 [M]. 济南：山东人民出版社，2022：4.

理疾病的状态，更是一种身心和谐、积极进取、适应力强的生活态度和精神状态。

在探讨大学生的心理健康问题时，不能忽视一个至关重要的环境因素——大学校园。首先是学校的物质环境，包括建筑本身的设计理念、壮观的建筑及周边的设施景观等。这些都直接影响着学生对学校的第一印象和归属感，进而影响着他们的心情和情绪。学校内的装饰绿化不仅美化了校园，也为学生提供了放松和学习的空间，有助于学生缓解学习带来的紧张感。其次，学校的人文环境也非常重要。这里指的是校园文化氛围，文化氛围的熏陶能够潜移默化地影响学生的世界观、人生观和价值观。再次，校规校纪和教风学风也是学校人文环境的重要组成部分，它们不仅能规范学生的行为，更能培养学生的自律意识和自我管理能力。最后，人际关系在大学生心理健康中占据着举足轻重的地位。师生关系会直接影响教学质量和学生学习成效，而同学间或同伴之间的关系则能体现大学生社交网络的广度和深度。良好的人际关系能够促进大学生相互理解、支持和鼓励，而不良的人际关系则可能让个体产生抑郁和焦虑等负面情绪。因此，保持健康的人际关系对大学生的心理健康尤为关键。综上所述，大学校园作为一个微观系统，对保护和促进大学生心理健康有着至关重要的作用。但是，大学环境会给他们带来很大的心理负担。高校学生的心理压力包括学业压力、情感压力、择业压力、人际交往压力等。

有学者认为大学生心理健康的标准包括自我认识、人际交往、现实一致性、生活态度、情绪控制、个性智商和是否达到年龄段等七个维度；也有学者将心理健康分为智力、情感、意志品质、人际关系、适应与改造现实、人格完善性以及与年龄相符等七个维度；还有学者将大学生的个性发展分为八个不同的层次，认为拥有良好精神状态的人，能够在生命的各个发展阶段主动地去面对各种困难和危机，并且能够提升自身素质。对于处于不同个性发展时期的大学生来说，他们应该确立"一致性"的自我认识，并以此为基础，通过与他人的密切交往，达到建立亲密关系、消除孤独感、实现角色定位的目的。

2. 大学生心理健康多维度标准体系

通过对国内外学者认定的心理健康标准进行研究，对不同视角进行分析，根据新时期大学生的特点，可以发现大学生心理健康多维度标准体系主要包括如下几个方面。

（1）大学生心理健康标准的基本心理能力

马斯洛在谈到“心理安全”这个课题时，将这个课题定义为在焦虑、恐惧等负面情感的压力下，坚守本心、摆脱困难的心理状态，一般表现为自信、自由及充足的安全感。与此同时，马斯洛又从不同的角度研究了安全感这个因素，并通过与没有安全感的群体比较，发现个人心理安全状态极大地决定了个人的行动与情感，并可能对其社会适应能力产生一定的影响。新时代大学生在学习、工作等各方面都面临着更大的竞争，所以抗压能力是心理健康的一个重要指标。自主性是个人发展的内在动因，也是个人的根本取向。高校学生在身体和心理上都处于高速成长的阶段，其独立性对他们的心理健康有着不可忽视的作用。美国知名心理学家爱利克·埃里克森（Erik Homburger Erikson）将“创造亲密感，避免疏离感”看作大学生成长的首要课题，因此，“亲密感”的培养也在考量范围内。“自我认同”是主观认知和健康发展的基本要求。大学生正处于对新事物非常感兴趣的时期，他们会遇到很多新的东西，当然也会遇到很多难题，而对于新的挑战，他们是否能够保持一种积极的态度，也可以体现他们的心理健康状况。

（2）大学生心理健康标准的内外协调适应

在这一维度中，笔者深入探讨了个体的人格特质、人际关系的和谐程度及社会适应能力。这些维度共同构成了大学生心理健康的核心标准。它与“二维适应论”非常相似，即个体心理健康标准就是个体适应正常或良好。

当前关于心理健康的研究大多注重个性与社会的结合，二者表面上是相互矛盾的，但实际上不可分割。个人与社会相互包容、相互支持，社会是由各种人构成的，而个体存在于其中。这种理念也与内外调和理念相对应，即人们在测评个人心理健康时，不能仅从片面的角度出发，而应从内部和外部两个方面来考量。从个人内在情况来看，心理健康的人具有良好的精神状态、正面的人生态度，能够有意识地实现自己的目标；从外在关系来看，心理健康的人，其行动与社会中的常规行为相一致，能够与他人、社会维持良好的关系。

（3）大学生心理健康标准的情绪稳定性

情绪的稳定性是心理健康状况的重要指标，它不仅能反映个体在日常生活中对外界刺激的反应能力，更反映了他们的心理调适能力。特别是对于处于人生转折点的大学生来说，他们正从校园步入社会，这个阶段充满了新鲜事物与挑战，新环境、新角色、新关系交织在一起，这无疑会使其情绪波动。随着时间的推移，若不能有效适应这些变化，大学生就可能出现心理问题。可以看出，情绪对个人的心理健康具有非常关键的作用，其既是个人心理健康的指示器，又是容易被感知到的外在表征。

（4）大学生心理健康标准的角色与功能协调

对自我角色的正确认知是个体与其社会身份相符合的行为方式及相应的心理状态。个人在履行自己角色的义务时，容易出现认识上的矛盾与障碍。作为一名刚进入高校的大学生，其内在期待与外部环境的改变不可避免地会产生矛盾。如果得不到适当的调解，这些矛盾会使大学生的心理问题更加严重，甚至会导致其产生心理上的不平衡。高校学生不仅是合格的社会公民，更被社会赋予了更高的期望，公众希望他们成为高素质的人才。同时，大学生也要求自己符合社会的期待，并以此作为衡量标准，对自己的实践生涯进行规划。但事实并不如人们所愿。“00 后”大学生受其心理状况、思想意识、个人能力等各方面的因素的影响，他们的真实状态与期望往往会有一定的距离。高校学生与自己所扮演的角色相协调，这既需要他们对自己有准确的认知，又需要他们具有良好的心理素质。因而，各方面的协调关系是高校学生发展的关键部分，对高校学生的心理素质提出了更高的要求。

（三）大学生心理健康教育的概念

心理健康教育应从学校、家庭和社会三个方面进行。根据心理健康教育在高校教育中的地位，这里笔者重点对其进行定义。有关“学校心理健康教育”概念的确立，经历了漫长的探讨过程。通过不懈奋斗，当前人们已经在校园内建立了一套完整的心理健康教育系统。1999 年 8 月，教育部颁布的《关于加强中小学心理健康教育的若干意见》明确了学校心理健康教育的概念：“中小学心理健康教育是根据中小学生生理、心理发展特点，运用有关心理教育方法和手段，培养学生良好的心理素质，促进学生身心全面和谐发展和素质全面提高的教育活动。”[①] 陈家麟教授在《学校心理健康教育：原理、操作与实务》中提出：“学校心理健康教

① 中国政府网. 关于加强中小学心理健康教育的若干意见 [EB/OL].（1999–08–13）[2023–12–10].https：//www.gov.cn/gongbao/content/2000/content_60601.htm.

育是以心理学的理论和技术为主要依托，并结合学校日常教育、教学工作，根据学生生理、心理发展特点，有目的、有计划地培养学生良好的心理素质，开发心理潜能，进而实现学生身心和谐发展和素质全面提高的教育活动。”[①] 叶一舵教授认为：心理健康教育具体是指教育者根据学生的生理、心理发展特点，运用心理学、教育学及其相关学科的理论与技术，通过心理健康教育课程、心理健康教育活动、学科渗透、心理辅导与咨询以及优化教育环境等有关心理健康教育的途径和方法，帮助学生解决成长过程中的心理问题，促进全体学生心理素质提高和心理机能健康发展的一类教育活动。2002 年，教育部发布的《教育部关于加强普通高等学校大学生心理健康教育工作的意见》中指出，“高等学校大学生心理健康教育工作的主要任务是：根据大学生的心理特点，有针对性地讲授心理健康知识，开展辅导或咨询活动，帮助大学生树立心理健康意识，优化心理品质，增强心理调适能力和社会生活的适应能力，预防和缓解心理问题。帮助他们处理好环境适应、自我管理、学习成才、人际交往、交友恋爱、求职择业、人格发展和情绪调节等方面的困惑，提高健康水平，促进德智体美等全面发展。”[②]

综上所述，笔者提出大学生心理健康教育是基于大学生身体和精神特征，利用各种不同的教学方法对大学生心理健康进行有目的、有计划的影响，并促进大学生主动地接受这种影响，使大学生的知、情、意、行等各方面都能够在自身及环境允许的情况下，发挥其最优的机能的教育。

大学生活不仅是追求学术的起点，更是一段充满挑战与机遇的人生旅程。对于大学生来说，这一阶段不仅标志着生理机能的显著变化以及个人价值观的初步形成，同时也是心理成长的关键时期。在这个快速转变的阶段，大学生心理健康问题显得尤为重要，它直接关系到大学生的学业成就、社交关系以及其对未来职业道路的规划。因此，学校应该大力关注并支持大学生的心理健康教育，以促进他们健康、持续地发展，让他们能够充分发挥潜力，迎接人生中的各种挑战。

高校心理健康教育要培养全体学生良好的心理素质、积极的心理品质和心理

① 转引自兰自力．学校体育与心理健康教育 [M]. 北京：北京体育大学出版社，2005：18.

② 中国政府网．教育部关于加强普通高等学校大学生心理健康教育工作的意见 [EB/OL].（2001-03-16）[2023-12-10].https：//www.gov.cn/gongbao/content/2002/content_61930.htm.

健康素养，而不只是针对有心理障碍的学生，也不只是关注部分学生。因此，在进行心理健康教育时，高校心理健康教育工作者要从大学生自我认识的运作机理入手，引导其主动进行自我管理、自我教育、自我提高，同时要关注个体在自我意识方面出现的矛盾与偏差；在培养大学生理想信仰的过程中，引导大学生进行心理调适；对于性格有缺陷的学生，要给予足够的关注，在他们的学习和生活中通过榜样示范、启发教育等手段，让他们的个性得到充分的发展；使大学生具备较强的适应性、抗压性、独立性等良好的心理品质，使他们在人生中具有高尚的理想信念和社会责任感，从而使他们的综合能力和心理健康水平得到全面提升。新时代大学生心理健康素养的内涵不是对心理健康状态的简单评价，而是要遵循一定的社会发展规律，同时还要考虑到民族文化的继承和个人发展的需求。所以，对新时期高校学生心理健康素质进行研究，应立足于我国当前的实际情况，从社会发展、文化传承和个人进步三个层面进行探究。

首先，在心理健康素质中，社会责任是最重要的。大学生要始终关注社会的发展，为祖国的建设贡献自己的一份力。政治发展的关键在于要让个体摆脱过时的、不为新时代所接受的理念，让个体关注自己，持续增强自己的政治意识；经济发展需要从生活约束中解放出来，在不发达的时代，个体的生活需要会使他们把太多的注意力放在财富的得失上，而当经济发展起来的时候，个体就会表现出相互理解和体谅的态度。时代的发展以个体对自我价值的肯定为重点，在初期，人类很容易盲目追随高位者，并不断怀疑自己生存的目的。而在个体征服和利用自然的过程中，他们也会对自我进行肯定和调节，从而实现自我。社会发展对个人的正面影响，不仅体现在个人与外界的共生性上，还体现在人与人之间健康和谐的社会关系上。在马克思主义的指引下，我国走出了一条符合本国国情的发展之路，这就是我们社会发展的方向。中华人民共和国成立后，由于走了社会主义道路，我国各方面都发生了翻天覆地的变化，这充分说明了社会主义的优势。在新时期，高校学生的心理健康教育必须以培养社会责任感为中心。

其次，对国家文化的认可与传承也是大学生心理健康素质的主要方面。在各种文化的作用下，处于不同社会情境下的个人，其行动方式和心理特点都会表现出鲜明的国家烙印。而我国漫长的历史和文化自然而然地对整个国家及人民产生了潜移默化的影响。中西方文化有着很大的区别，就拿病痛来说，如果症状相同，或者属于同一类的疾病，那么在我国文化中往往会有更加详细的划分，比如普通感冒就分为风热和风寒两种。一些学者针对亚裔进行了一次群体调查，发现受欧美文化冲击不大的亚裔，更偏向于与文化有关的病症；受欧美文化冲击较大的亚裔，更多呈现出西方心理问题。此外，本研究亦发现亚裔的心理健康水平与其对不同文化的适应性有关。在我国特有的民族文化中，有关健康和疾病的定义都可表现出我国的特色，而我国文化又会对这些心理问题的外在表现造成一定的影响。因而，在这种特殊的民族文化环境下，个体心理健康素质的主要方面就是对本民族文化的认可与发扬。

最后，要多向、多维地全面发展。大学生心理健康素质主要体现在其积极投身于社会发展的过程中，以及其在社会发展中持续提高自己。人类的天性大都是相似的，个体发展离不开对美好憧憬的向往，同时，个人也会持续寻求提升自我的方法，在自我丰富中实现自我价值。这就好像是一颗种子在等待发芽、结果。个体不断发展自我，这既具有人类的普遍特征，又具有一定的现实意义。个人处于社会关系的内部，会以其劳动实践活动为自身的发展提供动力。所以，个人对全面发展的追求也是一种充实而成熟的心理状态。

二、大学生心理健康教育的特征

（一）大学生心理健康教育的基础性

高校心理健康教育工作是高校教育工作中的一项重要内容。第一，高校学生的心理健康教育旨在推动大学生身心健康的全面发展，由此，其生物基础也为大学生的社会发展提供了可能性，大学生的社会性得以充分挖掘，而更高层次的精神追求也只能在满足生活的前提下才具有现实意义，而作为教学生活之本的心理健康教育，则更加重视人的社会性质与精神追求。心理健康教育覆盖生活、观念等各个层面，同时它可通过建立并使用心理危机干预体系来推动心理体系的良性运行，降低和减轻各类心理疾患带来的影响，以最大限度地降低个性缺失对个体生活产生的不良影响。第二，高校心理健康教育担负着教育的非智力成分，高校的首要使命是“育人”，这个“人”是既有感情又有思考能力的人，而不是有着强大才能和极高智力却没有情感、没有灵魂的人，高校心理健康教育承担了培养大学生非智力因素的责任。

（二）大学生心理健康教育的全员性

大学生心理健康教育的全员性是指它具有教育客体和主体的属性，还是一种全面的、广泛的社会责任。

首先，大学生心理健康教育具备全员参与的特点。大学心理健康专业教师在学生的日常学习和生活中，担负着传授知识技能、引导价值观念、进行心理危机干预等方面的职责，而各个学院的班主任和其他专业的教师，也都肩负着心理健康教育的职责。各种管理人员和必要的后勤工作人员，因为与学生的生活息息相关，所以也应该加入心理健康教育的主要队伍。

其次，大学生心理健康教育具有客体参与的特点。大学生心理健康教育目标就是让大学生在接受心理健康教育的同时，深入了解并积极运用自己的心理健康知识和技巧，去应对将来可能出现的各类心理问题。这是为了让他们在面对挫折和困境时，可以主动求助、自我调节，从而让大学生对人生抱有希望和憧憬。

（三）大学生心理健康教育的互动性

大学生心理健康教育的互动性指的是教育主体与客体之间的互动关系。

首先，从目前大学生心理健康状况来看，绝大多数大学生存在的问题都是由家庭、人际和学校等现实问题引起的，而在这些问题中，障碍类问题所占比例很小。交互性是指主客体在心理健康教育中相互影响，从而产生相互作用、相互促进的关系。构建师生间的双向交互关系有助于师生之间进行沟通，可极大地促进师生间的互动与合作。

其次，大学生心理健康教育还反映了“互助”的价值观。大学生心理健康教育不是单纯的教育活动，而是一种师生交互作用的活动。在教学中，不管是授课或谈心，师生之间都能够形成稳定的互动关系，这样稳定的关系能够增强学生的主观能动性，从而在一定程度上解决他们的心理问题。另外，教师在协助学生的过程中，也可加强自身的互动能力。在解答问题的过程中，教师可以培养大学生独立思考、独立减压的能力，达到增强其心理素质的目的。

三、大学生心理健康教育的内容

（一）学习层面的心理健康教育

在当代大学生的生活中，学习可谓是重中之重，花费了他们大量的时间与精力，因此，他们最关注、最困扰的就是学习问题。大学生普遍拥有一种昂扬向上的心态，学习动力和学习潜能会受到一定的激发。但是，在学习上，大学生会感受到一种无形的心理压力，以及让人产生烦躁、焦虑等情绪，特别是在制定了很高的学习目标后，如果经过多次努力都无法达到，那么他们很可能就会出现焦虑、自卑的情绪。所以，高校要重视学生在学习上的心理健康教育，教师要针对学习惯例、学习情绪、学习技巧对大学生进行心理教育，以此来帮助大学生消除在学业中出现的种种心理问题，从而使他们具备优良的学习素养、提升他们的学习效果。

（二）生活层面的心理健康教育

第一，自我意识。自我意识的最高级表现是自我教育。“自我意识”是个性结构中最重要的个体，是个体健康发展的基石，它对人们的自觉行为可产生决定性的影响。所以，在自我意识中，自我评估、自我体验和自我监管等多种机理共同构成了自我学习的心理机理。一个高度自觉的人，对自己的认知是非常明确的，对自己的评价也很客观，能够很好地解决自我与自我、他人及社会之间的种种问题。在大学阶段，大学生的“自主意识”在不断增强，但仍不够成熟；大学生的自我评估水平有所提升，但仍存在一定的片面性；情绪会影响他们的自我认知和评价；大学生自我控制力和学习能力都会得到较大的提高，但仍有一些缺陷。为此，高校要强化大学生的自身经验、加强大学生的认知感，促进大学生实现自我改进和发展。

第二，情绪。情绪是人类最基本的心理行为方式，它可以反映一个人的心理健康状态。有的学生情绪起伏很大，消极情绪累积太多，这与他们的心理状态有很大的关系。大学生的消极情绪有以下几种。

①抑郁。由于大学生存在自卑、失落等心理，因而会出现抑郁情绪。具体表现有：情绪低落、忧虑沮丧等。他们对世界、自我及未来的看法都是负面的，同时还会身体无力、睡眠紊乱、食欲不振。

②焦虑。焦虑是当代大学生普遍存在的情感表现形式，主要表现为学业上的失败或为某件要耗费大量精力的事而烦恼。适当焦虑能够提高他们的专注能力、提升他们的学业成绩，但是，太过焦虑会给他们带来消极影响。

③愤怒。愤怒是普遍存在于高校学生中的消极情绪，精力旺盛的学生更易躁、易怒。在此期间，他们可能会出现心率加速、情绪低落等症状，并且其自我控制力会下降，导致思想混乱、行为冲动，严重时还会作出令人悔恨的愚蠢行为，或者导致无法挽回的伤害。

④妒忌。妒忌是不正常的自尊表现。在别人比自己优秀的时候，有些学生就会产生不平、愤怒的情绪。在他人遇到困难的时候，这类学生往往表现出一副幸灾乐祸的样子。这是一种情感障碍，会影响与他人进行友好、诚实的沟通。

⑤冷漠、厌倦。冷漠的症状是感情萎靡、感知迟钝、缺乏热情，对任何人都是冷淡的。厌倦指的是个体对日常生活不满，对什么都提不起兴致，莫名其妙就会出现焦虑、沮丧等情绪，常伴有悲观、厌世等心理问题。

⑥紧张。紧张是个体对外部世界的恐惧，也是对自己未来不明确的忧虑。其症状有：心跳加速、胸闷气短；思想紊乱、行为异常；遇到困难时，总是忧心忡忡、闷闷不乐。

⑦胆怯、敏感。具体症状是胆小怕事、言语不安；在交际过程中，过度重视别人对自己的评价；觉得未来渺茫，整日愁眉不展。

⑧逆反。对一些人或者一些事情，会产生反感或者厌恶的情绪。具体来说就是对自己的教师抱有成见，在情感上和他们作对，拒绝接受任何训诲，并且有意抵抗教师。

⑨厌学。个体学习动机较差，积极性较低，缺少耐性，比较懒散，考试时有碰运气和侥幸的心理。

⑩自责。有些学生对自己非常严格，好胜心很重，当任务失败的时候，就会将责任揽到自己身上，表现出愧疚和自责的情绪。

高校学生情绪波动比较大，缺乏稳定性。个体长时间处在不良情绪状态，就会引起一系列的连锁效应，比如：记忆力、控制力、学习效率下降，对什么都不感兴趣，还会出现心理忧虑、焦躁等症状，甚至还会做出一些不理性的行为。这很可能导致大学生抵抗力下降，从而使其产生多种病症。所以，在对大学生开展情感性的心理健康教育时，首先要让他们学会管理情绪。

大学生在管理情绪的过程中，首先要先认识情绪起伏的根源；其次要高效管理情绪，在了解情绪后，采取科学、客观的方法来对情绪进行适当的调整。情绪管理的终极目的不仅是控制个体的情绪，更是通过管理情感来加深个体感受，以此提升个体的自我认同感，促进个体的心理健康。国外心理学专家们也曾对情绪管理和心理健康之间的关系做过一些分析研究，结果表明，当一个人主动管理自己的情绪时，他的心理状态就会得到改善。在实际生活中，人们能够感受到丰富的情感体验，正向情感能够对人们的身体和心理产生积极影响，因此人们不会产生诸如人格障碍、社交恐惧及饮食障碍等心理疾病。个体有效管理自己的情绪，这对其身心健康和人际交往能力以及个人长远发展都具有重要的意义。由于大学生处在人生过渡阶段和迅速发展阶段，他们的情感特征会呈现出波动与两极发展特点。面临现实与理想的落差、升学与就业的困惑、困境与挫折的打击时，大学生非常有可能出现情绪的大起大落。要正确处理大学生的心理问题，必须从学生的情绪调节和管理入手，采取科学、高效的心理教育方法。所以，情绪与情感教育是大学生心理健康教育中的关键环节，它的目的是帮助大学生理解、接受以及正确表达情感问题，并学会对负面情绪进行有效的控制和宣泄，对消极情绪、冲突情绪进行有效的防治，从而增强管理情绪的能力。

第三，人际交往。良好的人际关系既是健康的心理状态，也是现代生活的要求。学生很崇拜那种在公共场合表现得好，可以侃侃而谈的教师或同学，他们也想要做到这样，渴望与他人沟通、希望得到理解、获得社会认可。但实际上，有些大学生的人际关系却出现了一些问题。这主要体现为，有些大学生因为自闭、孤傲或者冷漠，与同学和教师的关系不融洽；有些大学生因情感上的不如意，对异性产生了畏惧、猜疑、排斥等心理，与人交往时自然就会产生戒心与敌意；也有的学生只在宿舍、实验室和食堂这三点活动，与他人的接触面很窄，容易产生沟通负担。所以，对学生进行人际关系辅导是非常有必要的，其目的就是训练大学生的交往意识、交际技能，让他们能够主动交往、善于交际、乐于助人，打破人际交流的屏障，建立一种融洽的人际关系，从而完善学生的人格，这能够对大学生的心理健康产生积极的影响。

大学校园是学生群体的集聚交流场所，也是其社交情境的一个缩影。通过与同伴和其他社会成员建立密切联系，大学生能够消除自身的孤独感，是大学生实现个人社会化的关键步骤。宿舍关系问题是大学生普遍存在的问题，已经成为大学生走读、休学、退学甚至由宿舍冲突引起各种安全事故的主要因素。人际关系是影响大学生心理健康发展的重要因素，而寝室关系是他们在学校里最主要的社会支撑，也是他们的学校生活中不能回避也不能自主选择的最小单位。高校寝室环境将大学生的个人生活与校园空间融合，这容易产生矛盾，使大学生产生心理问题。

寝室人际矛盾对大学生的身心发展具有很大的影响，同时也是引发学校矛盾的首要因素。寝室内人际矛盾广泛存在于学校的日常生活中，对大学生的心理状态有着很大的影响，因此，大学生必须充分认识到这种负面行为会给自己带来的后果，并及时应对，理性解决问题。在当今教育和科技高度结合的新时期，人际交往能力已经成为21世纪人们必须具备的一项重要素质。大学生是祖国未来的建设者和杰出的继承者，寝室人际关系不仅关系到大学生的日常生活和学习经历，而且还涉及诸如创新能力、情绪调节等认知与非认知能力的发展。掌握大学生人际关系与心理健康的关系，能够对大学生的心理状况和心理问题有一个完整的认识，有助于积极地探讨大学生在构建和谐、稳定寝室人际关系方面的策略和意见，从而完善大学生的人格，进一步提升他们的心理健康水平。

第四，休闲教育。大学生学业压力很大，特别是工科专业的学生，整天面对实验室的计算机和实验设备，不断地做实验、写论文；文科专业的学生主要从事文学研究或理论研究，这些研究常常与写作相关，他们难以抽出时间来进行轻松的娱乐活动，因此大学生体育锻炼较少，体质健康状态显著下滑。对大学生开展心理健康教育应该将重点放在休闲指导上，让他们养成良好的休闲观念和心态，主动地选择对自己有益的娱乐活动，进而提升自身的生命品质，让人生得以升华。

（三）职业层面的心理健康教育

随着社会的不断进步，人们的生活节奏越来越快，在这样快速变化的时代背景下，大学生不管是对职业选择还是对人生规划都非常迷茫，这无疑加剧了大学生的心理压力。与此同时，新媒体的崛起为大学生打开了一个全新的信息世界，各种观点和文化在这里交汇，促进他们形成了多元化的价值观念。对习惯传统教育模式的大学生来说，这些新鲜事物不仅提供了丰富的知识，更带来了价值观的冲击。在这样复杂多变的环境中，大学生在面对学业、工作和生活等多方面的压力和挑战时，就会出现心理问题。因此，关注和解决大学生心理问题刻不容缓，需要全社会共同努力，给大学生营造一个更加健康和谐的成长环境。

伴随着年龄的增长、思想和知识的不断沉淀，大学生对最大限度地实现自己人生目标的渴望越来越强烈，未来发展成了他们经常考虑的问题。近几年，我国高等教育规模不断扩大，大学毕业生人数创下历史最高纪录，人才供需矛盾突出。这就不可避免地使大学生在选择职业时过度害怕、敏感、不知所措。大学生的职业心理咨询工作，主要是加深大学生对自身的认识，帮助他们建立理性的职业观念，并将其转变为职业行为。其内容有，指导学生职业生涯发展及提升大学生决策能力；明确个人价值导向；强化就业择业能力指导。强化职业心理咨询有助于高校毕业生明确择业方向，引导他们有计划地规划职业生涯，达到优化分配的目的，促进社会的发展。

第二节　大学生心理健康教育的发展

目前的大学生心理健康教育还存在着很多不足之处，这些问题都有待解决。为适应社会对人才的高要求，所有大学都要有针对性地研究大学生的心理健康教育和心理认知结构，这对完善高校心理健康工作具有切实的促进作用。

一、高校大学生心理健康教育现状

身体健康是个体生存与发展的基础，也是个体蓬勃发展的象征。一个人的身体、心理、社会适应及品德方面都很健康，才是真正的健康。心理健康是指个体在适应环境时，其生理、心理、社会等各层面都要相互配合，能使其保持较好的心理机能状况。大学生心理健康教育是以行为与经验为主要内容的课程，该课程注重人格培养。从广义上讲，教育的总体目标是促进学生人格的健康发展。但是，对高校学生的心理健康教育来说，其目的是保持和改善大学生的心理状态，为其整体发展奠定坚实的基础。

（一）高校大学生心理健康教育取得的成果

在新时代，各大高校全力以赴落实各项政策，积极响应国家的发展政策以及满足地方发展对人才的迫切需求。高校要以提升教育质量为己任，以立德树人为根本任务。在大学生心理健康教育方面，高校要采取一系列创新措施，不仅要注重理论知识的传授，更要重视实践能力的培养，努力将学生培养成能够适应未来社会发展、具备良好心理素质的高层次人才。

1. 大学生心理健康状况整体积极向上

大学生是具有较强求知欲想不断提升自我的人群，他们会对自己提出很高的标准，而且追求完美，在学业上和工作上都很认真。大学生的自控能力很强，既能坚持自己的生活目标，又能应对偶然事件带来的影响。大部分大学生都拥有较为稳定的人际关系，他们能以较为公正的态度看待自己和他人，能与他人和谐共处。由于已受到良好的教育，他们在处理事情、人际关系时都比较得心应手。他们的自我意识更加稳固、成熟，思考问题也更加全面，在面临重要生活问题的时候，他们会表现得非常冷静，可以在生活中保持平常心态，做出符合自己生活规划的决定。良好教育的滋润使他们具备强大的毅力，不管是在研究还是工作中，他们都能坚持下去，努力工作，不轻易放弃。但是，也有一些学生出于异地求学，所在地气候、生活差异，本科院校档次，以及毕业出路等主观和客观原因，出现了各种心理问题，这就需要学校继续对他们开展心理健康教育。

2. 高校对心理健康教育重视度不断提高

心理健康不仅是个体生理机能的体现，更是社会和谐与稳定的基石。在迅速发展的现代社会中，大学生面临着诸多压力和挑战，这就需要各方给予他们心理上的支持和关照。国家层面对心理健康教育的重视程度与日俱增，相关政策和措施的出台旨在为全社会的心理健康保驾护航。

每所大学都按照中央颁布的心理健康教育方针，并根据校园的具体状况，制定了心理健康教育工作的相关制度，建立了心理咨询服务中心，配备了必要的办公设备，如电脑、摄像机和录音笔等，以及心理测量软件、沙盘和团体辅导活动器具。大部分高校也都有专门的心理健康教育基金，设立了专门的专业教师团队，由专业教师组成，他们主要教授心理健康知识、组织开展心理健康教育工作及科研工作。此外，具备一定条件的二级学院也逐步建立起心理咨询中心、心理咨询办公室、心理资料阅读室等，对心理健康进行调研和研究，并且还提供专门的课程教学，以对大学生心理健康问题给予一定的指导。

与此同时，近几年，部分区域的相关部门都加大了对大学心理健康教育理论研究的投入，该区域的各个大学每年都会对心理健康进行相关的探讨，并且对该研究项目给予了大量的经费支持。

3. 心理健康教育实践活动日趋丰富

许多高校根据实际情况，采取各种教学手段，对学生进行心理健康教育。常见的心理健康教育包括开展心理咨询、心理健康普测和档案管理、心理危机防范和介入工作。许多高校通过以个人、团体和网络为主体的日常辅导方式，来帮助大学生克服成长型和障碍型的心理问题；对具有危险因子的学生加强心理危机干预，并对其进行有效的干预与转诊。大多数学校都会在新生开学时用在线量表的方式，对他们的心理状况做一个比较科学、准确的检查，并根据调查的结果，有目的地进行一对一心理咨询，或进行小组指导，同时还会创建个体档案，以便检验他们的心理状况，并为他们的心理健康状况提供有效帮助。

同时，部分高校已充分意识到大学生心理健康工作的重要意义，并根据学校的实际情况，对心理健康教育进行多样化的宣传。例如，许多学校会组织学生心理素质拓展活动、学生涂鸦减压活动，并举办毕业生心理压力缓解和职业发展专题分享会、举办“世界精神健康日”活动等，利用这些活动放松大学生的情绪、减轻大学生的压力、增强大学生的心理素质。

4. 互联网信息技术助力大学生心理健康教育发展

在互联网时代，大学生心理健康教育不仅是高校应对新时代挑战的必然选择，更是其推动教育理念与模式创新的重要途径。随着科技进步和信息传播方式的转变，高校的心理健康教师已经开始通过互联网技术来丰富和拓展心理健康教育手段。他们通过线上平台、移动应用程序及社交媒体等渠道，将心理健康教育的内容以更加便捷、高效的形式呈现给广大学生。

（1）拓展大学生心理健康教育时间与空间

将网络信息技术应用于高校学生的心理健康教育工作中，可以有效地发挥网络信息技术的传播优势，拓宽学生心理健康教育的时空范围，为提升高校学生心理健康教学水平起到积极的推动作用。首先，高校学生心理健康教育对网络信息科技的应用，使高校学生对心理健康教育内容有了更深刻的认识。利用互联网进行教学实践，可以使学生从课外角度来理解和掌握心理知识。其次，通过互联网，学生可以全面地了解到有关心理学界、学术界的最新研究结果。最后，通过运用互联网等现代科技，高校为学生提供了专业的心理咨询和指导，为教师和学生提供了更多的交流途径，这对增强大学生心理素质起到了积极的促进作用。

（2）提升大学生主体性地位

在多元化心理健康教育教学方式中，大学生的主观能动性得到了充分的发挥，进而促进了他们的自我发展。在这种“线上”和“线下”相融合的教学方式中，教师能够利用线上资源，将各种心理健康的教学录像上传给不同学习程度的同学，让大学生突破学业困难，找到适合自己的学习资源，这种学习环境可以激发他们的学习兴趣，从而提升他们的学业水平。高校在“互联网+”条件下，能充分体现大学生的主体地位，更好地满足人才需求。在心理健康教育的各种教学方式中，学生可以获得主体身份，并通过信息科技的辅助，掌握更加多元化的心理健康知识，提高自我学习能力，扩充自我心理健康知识库。

（3）丰富大学生心理健康教育内容

网络信息技术让大学生心理健康教育内容更加充实。

首先，随着互联网信息技术的飞速发展，高校在大学生心理健康教育领域迎来了前所未有的机遇。现代技术手段为教育者和学习者提供了一个广阔而高效的学习平台，借助大数据分析及云技术的强大功能，高校能够轻松实现对海量心理健康教育资源的大规模搜集、整理和归纳，从而大大减少师生寻找相关资料的时间成本。通过智能化的信息管理系统，高校可以建立包含丰富内容的电子图书馆，这个图书馆不仅存储着各种心理学相关书籍、文章和视频资料，还能够实时更新最新的研究成果和教育动态。这种数字化的资源形式，不仅便于学生在线阅读学习，还能让他们随时随地访问所需的心理健康知识，能有效地促进学生心理学知识结构的完善和深化。

其次，网络信息技术的发展不仅更新了信息的传播手段，更在高等教育领域内发挥着至关重要的作用。特别是对高校心理健康教育而言，它通过丰富多样的媒介及形式，可极大地拓宽心理健康教育资源的边界。传统教育方式往往局限于课堂讲授与教材阅读，而网络信息技术的融入则打破了这一限制。它可创造出一个全新的视听世界，学生可以轻松地利用短视频、动画等多媒体内容来获取所需的心理健康知识。

最后，互联网信息技术不仅加速了心理健康教育内容在线上平台的传播速度，同时也使线下活动与线上资源得以有效整合。通过这样的方式，大学生能够轻松地接触到丰富多样的心理健康知识，这能极大地拓宽他们的知识面。更重要的是，这一过程还能促进大学生心理健康教育质量的提升，因此，互联网与教育的结合无疑为大学生提供了一个更加全面、高效的心理健康教育环境。

（二）高校大学生心理健康教育面临的问题

近几年，全国各地的大学都对学生开展了一些有益的心理健康教育尝试，并获得了一些成功经验。但也存在着许多需要处理的问题，如：教育目标不明确、教育形式不灵活、队伍建设力度不够及教育效果薄弱等。

1. 教育针对性不够强

一方面，教育部已经颁布了很多相关政策和文件，要求高校做好学生的心理健康教育工作，专家也在呼吁并推进这一工作。根据上级要求和时代需求，一些学校成立了心理咨询辅导组织，其基础设施十分完善，虽然从外表看心理健康教育工作正在紧锣密鼓地进行着，但实际上，在很多学校里，这类组织的作用并没有完全地发挥出来，有些只是用来应付考核。有些学校打着“三有”的旗号，有场地、有经费、有人员，但实际上都是空架子，这些学校没有进行具体的心理健康教育工作。所以，心理健康教育成了可以忽略不计的问题。也有的学校为了表示对心理健康教育工作的关注，增加了心理测验的次数，但在测验结束之后，就不管具有更高真实性及可鉴性的数据材料了，没有把测验结果应用到具体教育工作中。这种表层教学掩盖了心理健康教育的实质，不仅没有处理大学生的心理问题，相反，还会引起大学生的反感和抗拒。

另一方面，人们一般都认为大学生是智力、学识和文化程度都较高的社会精英，一定具备良好的心理品质。因此，社会对大学生心理健康缺少应有的关注，大学生心理健康工作也有很多不足之处。现实生活中，随着社会的发展，大学生在学习、就业、生活等方面的压力越来越大，由此引发的心理矛盾也越来越严重，各种心理问题也越来越多。为此，高校应该全面、系统、有目的地开展大学生心理健康教育工作，把心理健康教育工作融入高校人才培养体系中。

2. 教育定位不够准确

在当前的教育实践中，大学生心理健康教育面临着一系列挑战。部分教育工作者在实际工作中对心理问题的界定模糊不清，对其功能定位也缺乏精准认识。他们常常将心理咨询和辅导等同于心理疾病的治疗，这种理解不仅忽视了心理问题的复杂性，而且还可能导致治疗措施被不当使用。这些教育工作者倾向于把注意力集中在少数几个需要特别关注的学生身上，而对大多数学生则是冷漠或忽视的态度。事实上，心理健康教育的核心目标应该是促进学生的整体发展，这种片面的焦点使心理健康教育无法达到预期的普及效果，这不利于培养学生普遍的心理健康意识，进而限制了心理健康教育的深度与广度。

在学习、就业、经济和人际关系等各个层面上，大学生会产生很多心理问题，这就要求他们具备强大的内心和良好的心理品质去面对一切事情。所以，加强大学生心理健康教育至关重要。目前，大学生心理健康教育以“个人咨询指导”为主，以“心理健康普测与建档”与“各种心理健康教育活动”为辅。个体咨询指导多针对有需求的少数大学生，其具有补救性、被动性的特点；虽然心理健康普测与建档工作是针对所有高校学生进行的，但它更多的是通过甄别，进而对具有心理问题的大学生进行救助及关怀，所以其最终仍是针对少部分大学生，而且提供的服务也比较局限。

心理健康是个人全面素质提升的基石，要想让教育系统促进人的和谐发展，心理健康教育就必须以预防为先、防治融合为原则，并运用科学的方法进行指导，同时面向所有学生群体，确保其覆盖范围的广泛和深入。然而在现实中，高校在大学生心理健康教育方面还存在诸多不足，特别是对心理健康教育的定位不够清晰，相关政策与实施方案也需要得到完善，从而更好地满足学生的全面发展需求。

3. 教育形式缺乏灵活性

当前，我国大学心理健康教育主要以讲座和心理咨询等方式开展，缺少符合大学生年龄特点、让大学生感兴趣的个性化教学方法。其中，高校将心理健康课程设置为“选修课程”，在这样的教学环境下，高校对大学生进行心理健康教育的方法就比较单一，不能有效激发大学生的参与热情，对大学生个人产生的作用也比较薄弱。另外，学校在进行心理健康教育时，存在“注重两端，忽略中间”的问题，即重视大一、大四学生的心理问题，忽视大二、大三学生的心理问题，而且心理健康教育的内容也不够明确。

4. 队伍建设不够有力

在当代教育体系中，心理健康教育已是高等教育中不可或缺的一部分，而且对确保学生健康成长、顺利融入社会具有不可忽视的作用，在开展心理健康教育的时候，高校教师队伍起到了重要作用。

（1）高校教师整体心理健康教育能力相对偏低

第一，当前，我国高校教师心理健康教育意识较弱。近几年，我国对心理健康教育越来越关注，然而，一些大学教师的心理健康教育意识较差，他们不了解、不参与、不愿意学习心理健康知识。许多大学教师也没有把心理健康工作纳入自己的日常教学工作中，他们觉得这是专业心理教师和辅导员的工作，他们的主要任务是开展学科教学，他们还觉得对大学生进行心理健康教育是没有任何作用的。立德树人的教育理念在我国高等教育中由来已久，而作为引导学生成长的领导者、教育工作的执行者却没有认识到心理健康教育对大学生成长的重要作用，这必然会导致整个高校心理健康教育意识薄弱、心理健康教育水平低下。

第二，有些高校教师心理健康教育知识储备量较少。与中小学相比，大学的师资队伍结构有很大不同，由于大学更重视对学生专业知识与能力的开发，其师资队伍中的专业师资比例较大。部分大学教师因为不是师范院校毕业出身，没有进行过系统的教育学和心理学方面的学习，所以很难了解大学生的心理特征、心理健康水平及常见的心理问题。另外，在平时的教学过程中，他们对心理健康知识的研究并不重视，也没有认识到心理学专业知识在教学中的重要性，这些大学教师在心理健康教育方面的理论基础比较薄弱。

第三，有些高校教师心理健康教育认知不足。部分高校教师对心理健康教育的认知存在误区，具体表现如下。

①以经验来推测学生的心理健康状态。很多教师把学习成绩好、遵守纪律、不给教师添麻烦的学生称为“好”学生，认为“好”学生具备良好的心理素质，仅仅通过是否活泼、乐观、有责任心等性格特征来判断学生是否是心理健康的学

生；而将具有古怪、内向、自卑等性格特征的学生当作有心理问题的学生。没有充分了解学生隐性的情感和心理问题以及学生的特殊性，因此他们不能对学生的心理健康状态有准确的认识。

②过分重视矫治辅导，忽略发展教育。许多大学教师对心理健康教育的认知仅限于矫正心理问题，并把他们的工作简单地定义为专门为大学生处理心理问题，却忽略了大学生所处的特殊年龄段。另外，许多大学教师也没有针对大学生特殊的年龄段发展需求，为他们提供心理问题的解答方案，以此促进大学生最大限度地挖掘自己的心理潜力，培养优秀的人格素质。过分重视矫正辅导而忽略发展教育，会导致心理健康教育出现消极性和滞后性。

③心理健康教育与思想政治工作相融合。国家有关部门已经明确提出，要把学生的心理健康工作融入学校思想政治工作中。大学生心理健康教育与道德教育有着密切的联系，但二者在教育目的、方式及价值等方面又有所不同。

第四，有的高校教师开展心理健康教育的能力较弱。心理健康教育是非常专业化的工作，它要求教师在教学中运用适当的方式来教学。一方面，当前，我国高校对大学生进行心理健康教育的力度不够。部分高校教师缺乏良好的心理素质和理论基础，这导致他们没有较强的心理教育能力。另一方面，许多高校教师对开展心理健康教育的态度不积极，有些教师的心理健康教育工作太过形式化和简单化。在学生真的有需求的时候，教师不能及时提供相应的帮助，许多高校教师在解决大学生心理问题时，依靠的仅仅是自己的经验，而没有依靠心理健康教育的知识与技巧。另外，很多高校教师对大学生心理健康教育的了解不够。目前，有些高校教师没有明确的心理健康教育目标和规划，他们对学生开展心理健康教育时非常随意。从当前高校老师实施心理健康教育的现状来看，他们在以学科和班级为目标的教学中尚未满足相应的需求。

（2）心理教师专业化水平有待提高

目前，以学校为基础的心理健康服务组织为大学生提供了最基本的保证。但是，面向大学生心理问题筛查、危机干预等方面的队伍数量仍然不够，大部分心理教师在承担心理咨询等常规工作的同时，还要应对各种日常工作，很难静下心来梳理案例和研究特殊问题。在心理健康教育工作中，教师往往觉得自己的能力不够，没有足够的精力去进行心理健康教育，而且，其心理咨询的理论知识和实践经验都比较缺乏，在职学习的次数也很少，这就导致大学生心理辅导、教育效果并不显著。

（3）辅导员参与积极性不高

在高校辅导员中，一方面，部分辅导员普遍缺乏足够的心理学专业知识和技能，他们往往将心理问题视为小毛病或者道德层面上的问题，甚至有时会错误地将这些心理困扰归咎于学生的思想意识不成熟或道德品质缺失。这样的态度导致许多本可以通过早期干预来预防和解决的心理健康问题被忽视，辅导员错过了能够发挥作用的最佳时期。另一方面，辅导员的日常工作任务繁重且多变。他们不仅需要严格执行学校及院系管理层所下达的指令，还要负责协调处理学生的科研项目、实践活动、就业指导以及日常生活中的各种事务。这种多线程工作的特点使辅导员难以抽出时间和精力去主动关注并处理学生的心理健康问题。繁重的工作量和不断变化的工作内容进一步削弱了辅导员对心理教育的积极性，他们更倾向于被动应对而非积极引导学生进行自我管理和心理调适。

（4）导师作用发挥不够

在大学，大学生面临着诸多挑战和压力，因此导师不能仅限于学术指导，还应承担起引导学生心理成长、情感疏导以及价值观塑造的重任。从现实情况来看，许多导师在这些方面显得力不从心，他们或许拥有丰富的知识储备和研究经验，但他们对于如何将这些专业技能有效转化为学生个人品质缺乏深入理解。比如，大多数导师更注重讲授知识，增强学生实操能力，而往往忽略这个过程给学生所带来的压力。根据相关调查可知，导师心理健康教育角色缺失是当前高校心理健康教育中比较普遍的现象。

5. 教育实效性不强

尽管有不少高校对大学生开展了心理健康教育，但其工作开展的现状却不乐观、效果不佳，许多教学活动的内容与形式都不尽如人意。

第一，学生课堂参与程度不高。教学活动形式多于情感分享，活动体验和分享是心理学课程最基本的内容，心理课程的活动与游戏的最大不同之处在于活动后的经验分享。目前，在大学心理学课程中，已经有了各种形式的活动，如角色扮演、团体游戏等，在这些趣味活动的引导下，越来越多的学生参与到班级课堂的活动中来，但在活动后最重要的感受与分享环节中，教师并不能保证大部分学生都能将自己的感悟分享出来，这可能是多方面的原因造成的：教师上课时间有限，难以给每位同学提供发言的机会；一些同学可能不太愿意参加小组活动；也有些同学不擅长或不愿发言；等等。心理教室是学校心理工作的主要阵地，不同于针对少数学生的心理咨询，它是面向全体学生的一种防范工作。因此，尽可能地保障每一位学生的体验和分享是非常关键的。

与其他科目不同，心理学课程不需要测验，也不需要分数，所以学生们的学习热情相对较低，特别是对那些在课堂上不怎么积极的大学生来说，心理学课更像是一种休息、放松或者整理其他科目笔记的课，学生并没有给予足够的重视。因此，在心理学课上，有很多学生不专心、不听讲、不参与甚至出现睡觉的情况，教师要采取一些方法，比如点名回答，但这种方法只能让学生在短时间内投入课堂，而不能确保学生贯穿整个课程，更不能让学生自觉地参与进来。

第二，活动范围有限。许多高校纷纷依据学校的特色和资源，开展了各式各样的心理健康教育活动。这些教育活动形式多样、内容丰富，从心理专题讲座到普及性的心理健康测试，再到团体心理咨询及素质拓展训练等，无一不展现了高校对培养学生健康心理的高度重视。然而，尽管这些活动在理论上具有重要价值，但在实践中却面临着诸多挑战。首先是资金问题，多数高校并没有足够的财力来支撑这些丰富多彩的活动。其次是场地限制，很多校园内并没有专门的场所或设施以供心理健康教育使用。另外，师资力量也是一大瓶颈，很多学校缺乏专业的心理咨询师和教育工作者。因此，虽然这些活动能够在一定程度上帮助学生了解和认识自己的心理状态，但因为种种原因，它们往往难以形成常态化、长效化的机制，而多是短期、一次性的项目。

第三，活动未常态化举办。大多数大学很少举办心理健康教育活动，只在诸如开学和 525 心理健康节等重大时间点，学校才会举办这样的活动，平时很少开展，并且参加的人数不多，受众范围也很小，这在一定程度上阻碍了实践活动作用的发挥。

（三）高校大学生心理健康教育问题的原因探讨

1. 心理健康教育认知不足

首先是学生对所学内容的认识不够透彻。目前，大学生心理健康教育存在许多问题，如大学生对所学知识缺乏全面的理解、难以实现有效的学习与运用。高校教师开展心理教育并非单纯地向大学生灌输专门的心理学理论知识，更重要的是要有效地解决大学生心理发展中存在的各种矛盾与冲突。要指导学生进行自我认知，学会怎样对待自己的人际关系，增强自己的社会适应性，让自己始终保持积极的心态，理解并学会应对自己的心理问题，加强主动求助意识，积极解决问题，从而提升抵御挫折的能力，增强自己的幸福感。与其他专业相比，心理健康教育在教学内容、教学活动、教学原则和教学方法上都有很大的不同，教师应该注重学生的实践经验，帮助他们将所学知识应用到实际中。

在心理健康教学过程中，教师常在讲解完心理学的相关理论与技能后，再运用个案教学方式，对其展开分析，从而加深学生的理解。然而，有些学校心理学课程并没有做到这一点，缺少对知识本质的深入阐释，这就导致学生只对理论知识进行理解和记忆，而没有充分理解其含义，在面对有关问题时，其所学知识和方法也得不到有效的运用。另外，大学生对所学内容的理解存在一定的偏差。在以往的教学过程中，教师会询问学生对知识的掌握程度，但是学生对教师的答案仅仅是一种学习态度，并不知道自己的理解与其所蕴含的含义是否相吻合。如果学生不能表达清楚这方面的认知，那么就难以发现其中的差异。

其次，心理学课程在教学中没有得到足够的关注。目前，我国部分高校还没有大力开设心理课程、没有专业的心理教师、没有心理咨询室等。思想上的改变是需要时间的，目前很多已经落实心理学工作的学校对相关课程也没有给予足够的关注，仅仅把它当作一门“可选的轻松课程”来对待。许多主课教师甚至将心理学课程的课时用到其他科目上，使之成为其他科目的后备课程，这与教育部的规定相差甚远。如今的心理健康课程与早年的体育、音乐、美术等学科一样，未得到应有的关注。还有些同学在心理学课程上写其他科目的作业或笔记。在高校，大学生的身体和心理会遭受一些影响，因此，开展心理健康教育可以帮助他们减轻学习压力，调适他们的心情，提高他们的学业和生活质量。然而，很少有人意识到心理健康的重要性。在平时的教学工作中，许多教师都认为心理教师是来帮助自己管理这两类学生的：一类是非常不适应学习环境的学生，一类是非常难管的学生。然而，学校心理学工作的教育对象必须是所有学生，其应当以提高和推动所有学生的综合素养与长期发展为目标。另外，高校教师的心理健康教育应以

“预防”为主，以“前瞻性”为核心，让教育先于学生成长，让每个学生都能获得最充分的发展。

最后，大学生对心理辅导工作仍持怀疑态度。长期以来，大家都将心理健康方面的疾病和“神经病”画等号，认为它不是心理方面的问题，而是一种带有侮辱性的疾病。所以，许多大学生在面对心理困扰和问题时，都会讳疾忌医，不愿意看医生，觉得找心理医生是非常不光彩的行为。另外，大学社交圈比较窄，学生平时接触的都是“熟人社会”，很在乎别人的看法，就算有这方面的需求，也不敢去找心理教师，只能自己处理。而且，学生也会担心自己的个人信息被他人知晓，大部分心理病患都不愿意将自己的情况和内心的困扰告诉别人，所以在决定要不要去看医生时，他们就会非常犹豫。

2. 心理育人体系不够完善

（1）整体推进方面

当前，我国高校开展的心理健康教育工作是一项系统工程，它要求学校各部门和全体教师共同努力，但有的学校把心理健康教育当作心理咨询中心的工作，还有的高校认为心理健康教育是由心理教师和思政教师共同承担的工作，这导致心理健康教育在学校里“孤军奋战”，再加上教师职责不明、宣传不力等原因，使学校其他部门和教师对这方面缺乏了解，各个部门、各个教师之间的协作意识较弱，进而导致整个学校的心理健康教育工作缺乏完整的育人环境，因此显得势单力薄。

（2）资源配置方面

通过查阅相关文献，可以发现每所大学在资源配置方面，都能达到心理健康教育的基本需求，高校配有心理健康机构专门办公室，以及电脑、摄像机和录音笔等基础办公设备，还有心理测试装备和小组指导器具等。但是当前只有很少一部分学校配置了比较先进的心理沙盘等心理疏导设备，所以高校还需要继续改进心理健康教育的硬件设施，这样才能给学生提供更高质量的健康教育及咨询辅导。

3. 教育方式方法有待创新

首先，要深刻了解教育对象的心理特征。一些学校只是简单地将中小学心理健康教育方法用于大学生，忽略了大学生心理的特殊性，导致心理健康教育效果不理想。从心理方面和行为特征的角度来看，本科生和研究生之间存在显著的差异。本科生主要面临着自身行为习惯和生活方式与当前状态不一致带来的心理问题，而研究生则更多关注未来的不确定性、恐惧感和需求感，他们的心理健康问题通常与内外环境有关，并在生活和学习中探索自我、思考未来发展、渴望为社会作出更多贡献，寻找个人与社会发展的契合点，实现自我人生目标。这需要心理健康教育从业者能够灵活应对不同层次和多样化的发展和需求，并根据大学生在各个阶段的具体情况，开展适合的心理健康教育。

其次，关于教学方法的应用。尽管各高校开展了多样化的心理健康教育活动，但大部分仍采用传统的“线下”形式，只有少数学校尝试采用了在线教育方式。这与现代大学生的学习偏好不符，一些学生表达了对心理健康教育在网络平台和媒介方面应用不足、参与途径较少等问题的担忧。出现这种情况的原因是，部分学校的课程较为简单，侧重于自主学习，加之大学生普遍有便捷的上网条件和较多的自由时间。大学生比同龄人更倾向于使用互联网。此外，大学生在中学时期已经接触甚至参与了许多心理健康教育活动，传统的教学方式和内容难以满足他们的需求。同时，过度依赖某一教学方法也难以取得明显效果。

最后，在营造教育氛围方面。人们的积极心态与周围环境息息相关，有了积极健康的环境，人们就会更加积极乐观。所以，营造健康、活跃、和谐的校园氛围至关重要。当前，多数高校在营造校园心理氛围方面还有待加强，他们通常只在新生入学时或 5·25 心理健康节期间着手打造校园心理氛围，而未充分考虑到大学生学习期间的心理环境。另外，一些高等教育机构将重点放在应用传统心理健康教育的方法上，忽略了开发利用独特的民族资源，因此其心理健康教育效果并不理想。

4. 高校校园文化建设滞后

将心理健康教育融入校园文化和网络新媒体中，将会对高校大学生心理健康教育的效果起到积极作用。一直以来，高校将心理健康教育的责任安排在辅导员身上，他们通常通过一对一的方式为大学生提供咨询服务。然而，随着高校招生规模的扩大，大学生人数持续增加，传统的咨询方式已经不能满足大学生在心理辅导方面的需求了。在大学生心理健康教育中，校园文化和新媒体等可以被当作有力的辅助工具来发挥作用。目前，高校心理健康教育主要集中在校园文化建设上，如设置宣传栏、举办讲座等，而社会实践活动相对较少。在这一过程中，新媒体平台主要侧重于提供定期更新的心理健康知识和发布心理健康讲座的动态，但相对而言，精心策划的在线学习资源仍比较匮乏。

二、大学生心理健康教育的发展方向

（一）注重理论联系实践，构建教育新范式

心理健康教育与其他学科之间存在显著差异。心理健康教学不同于一般课程教学，心理健康教育除了强调通过理论知识来指导实践活动，还注重从生活实践中获取经验，以促进教育理论的实施。实际上，大学生正处于发展的重要阶段，他们的心理状态会随着时间的变化而变化。因此，高校需要通过各种丰富而有意义的实践活动来激发学生的学习兴趣，引导他们积极参与实践活动，以最大限度地达到心理健康教育的理想效果。然而，一些学校在开展心理健康教育实践活动时，教育形式过于刻板、活动氛围过于喧闹，导致学生难以从中获取心理健康教育知识，无法达到稳定发展心理健康教育的目标。

教育活动应该以科学理论为基础。在规划教育策略和方案之前，高校必须进行科学评估，以确保实践能够取得良好的效果，并为实践活动指引方向。举办校园文化活动，将心理健康教育融入其中，使教学更为生动和有趣味，让学生通过参与活动获得更多心理健康知识，这一举措十分有效。所谓校园活动，是指学校与教师共同举办的旨在提升学生能力、培养学生积极生活态度的文体娱乐活动。举办这类文娱活动有助于促进高校精神文明建设，以及学生身心健康发展。通过组织各类课外活动，高校可以借助多种渠道营造积极健康的学习氛围，让学生在这种氛围中受到良好的教育，主动提升心理素质。与此同时，高校还应该促进学生与心理健康教育机构的合作，积极组织各类以心理健康教育为主题的比赛，比如演讲比赛、知识竞赛等，来真正提升学生的心理素养及社交能力。这种广泛普及的教学方式可以促使学生自发地接受心理教育，持续提高心理健康水平。经验表明，校园文化活动为大学生在心理健康方面提供了许多机会和途径。在校园举办多样化、有趣的活动不仅可以帮助学生减轻学习压力和释放消极情绪，还有助于优化学生的思想，促使他们健康成长。并且通过举办各种不同内容的校园活动，高校可以更好地发掘大学生的潜力，增强他们的人际交往能力和适应能力。通过

积极参与学校活动，大学生不仅可以扩展视野，还能增强交际能力并减轻心理压力。因此，高校应该将心理健康教育融入学生的日常生活，并全面开展心理健康教育，以建立新的教育模式。

（二）转变心理教育方向，拓展教育新途径

首先，要建立心理健康信息库。受专业知识、职业经验和个人特质的影响，心理健康教师能够精准识别一些学生的心理问题，但无法全面了解大多数学生的心理状态，这导致心理健康教育难以取得最佳效果。在这种情况下，高校应该建立学生心理信息库，以便提供科学依据，实现合理诊断和有效干预。目前，一些高校已经对新生进行了心理调查，大致了解了他们的心理状态，但没有利用现代科技来建立学生心理健康方面的“信息库”。具体来说，信息库是在大数据时代兴起的一种“仓库”，可为各高校进行心理健康教育提供较多契机和可能性。信息库由文本、图片、视频等多种媒介方式构成。学校应该从学生个体心理变化的静态和动态两个方面进行深入研究。同时，通过信息网络平台，学生个人心理数据的获取途径能变得更加多样化。然而，需要注意的是，建立信息库不是一蹴而就的事情。这是一个持久性的工作，只有持续更新信息库内容，才能确保信息的价值。因此，心理健康教师需要根据实际情况不断地更新信息库内容，从而增强数据的可靠性，为未来分析和探究学生心理健康状况提供有效信息。

其次，要以心理健康为核心建立教育框架。在新时代，高校要想有效推动心理健康教育的发展，需要从多个方面进行教育工作。高校要以院系和班级为重点，全面了解学生的实际心理状态，研究学生潜在的心理问题并给学生传授积极的心理知识。这样的做法有助于高校构建综合性的教育框架，从而促进高质量的心理健康教育实践活动的开展。

最后，要提升教师的整体素养水平。在心理健康教育实践中，教师的主导作用是确保教学质量和提升教学水平的关键因素。因此，高校应当重视教师的综合能力和职业素养，为教师提供培训机会，以帮助他们通过培训来提高教学能力。在此基础上，高校还应该开拓更广泛的招聘途径，提高招聘标准，吸引更多具备高水平和素养的心理健康教育从业者，增强心理健康教师队伍的实力，推动心理健康教育的发展。

第二章　文化与心理健康教育

本章讲述了文化与心理健康教育，主要包括三个方面的内容，分别是文化与心理健康、中国传统文化中的心理健康教育思想、红色文化与心理健康教育的融合。

第一节　文化与心理健康

文化是塑造健全人格、陶冶高尚情操的宝贵资源，尤其是以儒家文化为主导的中华优秀传统文化对于大学生群体的成长成才、心灵安顿和人生幸福具有不可替代的价值和作用。所以要善用儒家文化中蕴含的丰富的心理健康教育资源，引导大学生塑造健全人格，提升道德品德，进一步完善心理健康教育的机制体制，促进大学生身心全面发展。

一、儒家文化与大学生心理健康教育的融合

（一）儒家文化融入大学生心理健康教育的现实要求

1. *弘扬优秀传统文化的重要方法*

文化是国家繁荣、民族昌盛的根基。尤其是经过岁月沉淀的优秀传统文化，更是凝聚了无数先辈的血汗和智慧。近年来，我国越来越重视优秀传统文化的传承和发展，中共中央办公厅、国务院办公厅发布了《关于实施中华优秀传统文化传承发展工程的意见》等一系列文件，为新时期传统文化的普及和发展指明了方向。实践是推动文化发展的重要方法，将儒家文化引入大学生心理健康教育中，

结合当代大学生心理健康教育的需求，充分发掘并传承儒家文化中的心理健康内容，助力大学生解决心理健康问题。将儒家文化融入大学生心理健康教育的做法，可展示其强大的适应性和生命力，能在满足现实需求和时代特点的同时，彰显文化自信和民族自信。这不仅能拓展弘扬国家优秀传统文化的途径，还能加强传统文化新的现实意义。

2. 健全高校心理健康教育的有效路径

高校作为大学生生活和学习的主要阵地，在大学生心理健康教育方面具有关键作用。目前，我国高校心理健康教育工作主要借鉴西方心理学教育理论，通过开设专业心理学课程、选修公共心理课程以及提供心理咨询中心的一对一辅导等形式来开展相关的教育活动。当前，大学生心理问题频发，仅仅套用西方心理学教育理论是远远不够的。西方心理学教育理论中包含许多宝贵的教育思想和方法，值得国内高校借鉴与学习。但因为国情不同而导致的认知差异，也意味着我国无法完全接受西方的心理学教育理论。中华民族几千年来一直传承着集体主义和恭谨谦让的价值观，而西方则更注重个人主义和个性自由的价值观，二者之间虽然不是绝对对立的，但重点明显不同。当大学生面临个人与集体之间的矛盾时，过度强调西方心理学理论的教育很可能与他们一直以来接受的价值观教育相抵触，甚至不利于解决心理问题。此外，儒家文化所倡导的“仁者爱人”“己所不欲勿施于人”等思想对大学生的心理认知、情绪调节和人际交往等具有积极的影响。因此，高校应该努力将儒家文化融入大学生心理健康教育中，挖掘儒家文化的心理教育要素，并结合现有的西方心理教育理论和方法，以此增强大学生心理健康教育的实效。

3. 促进大学生健康成长的必然选择

把儒家文化纳入大学生心理健康教育能够极大地促进大学生的健康成长。一方面，儒家文化中蕴含的心理学智慧有助于高校潜移默化地引导大学生培养积极乐观的心态，减少心理困扰。例如，儒家强调的“发愤忘食，乐以忘忧”等理念，对塑造大学生健康心理、提升心理素质起着重要的引导作用。另一方面，将儒家文化纳入大学生心理健康教育，使学生在学习过程中体会儒家文化所包含的人际交往、心理调适、生命价值等智慧，不仅有助于大学生解决心理问题，还能增进他们对我国优秀传统文化的认同感，从而增强大学生的文化自信。

（二）儒家文化融入大学生心理健康教育的内在机理

儒家文化源远流长，可启迪人心，其教育理念不仅在推动中华民族文化历史中扮演着重要角色，对现代大学生积极心态的培养也具有重要启示。深入探究儒家文化影响大学生心理健康状态的机理，是解决当前大学生心理问题的关键因素。

1. 积极入世——实现人生价值的核心路径

儒家经典《周易·乾卦》中有言“天行健，君子以自强不息”①。人生充满挑战和困难，唯有心怀天下、为国为民、勇敢面对困境、努力奋斗，才能发挥个人作用，这体现了儒家倡导积极融入社会的理念。如今大学生普遍存在心理问题，这背后的根本原因可以追溯到他们的价值观念上。当前我国正处于社会转型发展阶段，经济下行、生活成本上涨、就业形势严峻等社会问题比较突出。同时，西方不当言论导致一部分大学生缺乏责任感、奉献精神，使其信念不坚定。此外，一些大学生在社会和家庭等方面承受着多重压力，同时受到消极价值观的影响，这导致他们的心理出现了极端化倾向问题，主要表现为在顺境中放任自流，在困境中受到沉重打击时难以振作起来。就国家而言，儒家理念主张，人作为万物灵长，生来就肩负社会责任，要有“国家兴亡、匹夫有责”的觉悟“先天下之忧而忧，后天下之乐而乐”的气节，以国家昌盛、民族振兴、百姓安康为己任，为国分忧、报效国家。在个人层面上，“自强不息、刚健有为”意味着个体遇到挑战时应该积极进取、努力奋斗；当个人朝着成功迈进时，应保持冷静沉着、坚定向前，做到在成功时不骄傲、在失败时不气馁，以坚强的意志勇敢面对生活中的挑战。显然，儒家倡导的融入社会思想所包含的人生智慧对于解决当前大学生价值观问题具有至关重要的作用。研究如何将儒家主张的进取精神和大学生心理健康教育相结合，对于高校处理大学生思想认知、心理问题以及指导他们发挥人生价值具有重大意义。

2. 中庸之道——促进心理平衡的核心依据

评判大学生心理健康的一个重要标准就是其能否保持内心的平衡，儒家文化中心理平衡的思想源自孔子提倡的中庸之道，就是“不偏之谓中，不易之谓庸”。简单来说，就是教导人们做任何事都要适度。中庸之道所主张的适可而止的理念

① 王子娇．易经初解 [M]. 桂林：漓江出版社，2019：8.

在当前大学生心理健康教育中具有重要的启发作用。现今大学生主要属于“00后”，他们在和谐社会中成长，受到父母长辈的关爱，因此缺乏挫折经历，这使其心理承受能力相对不足。同时随着年龄增长，他们面临的社会责任在不断地演变和扩展，随之而来的是与自身角色相关的压力。在面对这种压力时，许多大学生感到难以找到平衡点，甚至会出现一系列心理问题，如偏激、焦虑、抑郁和狂躁等。中庸之道的核心思想在于保持平衡，以中庸之道促进大学生心理平衡的发展应该注重以下两个方面。首先要教导学生中庸之义，指导他们在日常生活中注重修身养性，以提高心理调适能力，从而避免陷入盲目自大、自卑、极端等心理不良状态；其次是传授学生中庸之法，以积极的态度面对学习生活中的挑战，及时处理外在的负面影响，保持心理健康，做到“在情绪面前保持稳定”。

3. 仁和之义——处理人际关系的重要原则

孔子教育思想的关键因素“仁”是儒家学派在道德规范方面的终极准则，“和”象征着儒家学派所倡导的和谐境地的终极目标。儒家推崇“仁者爱人”，意思是仁者首先应该学会关心他人，只有那些有仁德、行为端正的人才会真正考虑他人的感受，并且能够真诚地爱护他人，这是仁的中心理念，“忠恕之道”是实践“仁”的途径，忠强调的是尽全力去帮助他人，恕侧重的是尽可能地宽容他人的不足，“己欲立而立人，己欲达而达人”“己所不欲，勿施于人”[①]都是儒家忠恕思想的具体阐释。在儒家思想中，“和”是仁追求的目标，最基本的“和”体现在人与人之间的和谐关系上，比如“君子和而不同”，强调的是维系人际关系的和谐。仁义是儒家倡导的人际交往准则，对处理当前大学生心理困扰问题具有关键的指导意义。随着不良价值观如个人主义的兴起，当前大学生普遍表现出以自我为重、自私和冷漠等行为特征，这种现象对大学生人际关系产生了负面影响，因为处理不当人际关系而产生的心理障碍在当前大学生心理问题中所占的比例非常大。要在儒家思想中强调“仁、和”理念，引导教育者认识到人际关系中个体的不同成长背景会带来性格和习惯方面的差异。因此，现代大学生应该尊重并包容这些差异，以亲切宽容和友善的态度与他人相处，理解他人的困境、相互帮助、构建和谐的人际关系。

① 仲新朋．中华典故 [M]. 长春：吉林文史出版社，2019：196.

4. 坚韧不拔——巩固意志心理的杰出品质

当前大学生普遍存在心理问题的一个主要原因是他们面对挫折时缺乏足够的抵抗力。这可能是因为多数大学生在成长过程中由父母全方位保护。当他们进入大学后，随着角色和环境的改变，他们必须独立面对学业和生活中的挑战，在此过程中难免会经历种种挫折。面对挑战，适当处理可促进个人成长，处理不当则会产生心理问题。儒家思想认为个体只有勇敢面对挑战才能磨炼意志，从而取得成功。一方面，高校需要帮助大学生正确理解挫折所带来的机遇和挑战。要使大学生学会将失败视为成功的契机，以此来帮助他们提升意志力、培养优秀品质和增强能力。孔子在面对各种考验时，坚守信念，最终成为千古圣人；荀子因信奉“性恶论”而受到打压，但最终成为众人推崇的大家。另一方面，要注重培养大学生的抗挫折能力。乐观的心态是战胜挫折的重要手段。战胜挫折还需要有恒心，只有坚持到底，永不放弃，才有可能战胜挫折。

5. 珍爱生命——提升人生境界的物质基础

生命是人存在的物质基础，是实现人生理想和自我价值的重要载体，生命只有一次。高校对大学生生命观的教育不足，而儒家文化中蕴含的生命观内容有助于弥补这一不足。一方面，儒家文化非常重视和尊重生命，《郭店楚简：语丛一》中有言“夫天生百物，人为贵”、《周易》中讲“乐天知命”，都是教育人们要珍爱生命、悦纳自我。这种珍爱是对生命的珍惜，并非对生死的执着。“死生有命，富贵在天”是儒家对生死观问题的补充，强调个体在重视生命的同时也要顺应自然生命的发展。借鉴儒家生命观点，对于教育大学生尊重生命、敬畏生命、正确看待生死问题有重要的引导作用。

（三）儒家文化融入大学生心理健康教育的路径选择

1. 加强课程融入，提升大学生心理健康智慧

在当今信息爆炸的时代，大学生获取知识的途径丰富多样，然而，课程学习依然是最为重要和系统的途径之一。特别是在心理健康教育中，儒家文化作为中华民族的精神瑰宝，其深厚的文化底蕴和独特的教育价值，对于提升大学生的心理健康水平具有不可替代的作用。因此，高校应当积极优化课程体系，提升课程

质量，构建专题课—心理课—思政课三位一体的课程育人体系，让儒家文化在大学生心理健康教育中发挥更大作用。

首先，高校教师可以策划儒家文化专题课程，从系统的角度解读儒家文化中的心理教育内涵。这些课程可以涵盖儒家经典文献的解读、儒家思想的历史演变以及儒家心理智慧的应用等，要通过案例分析、小组讨论等形式，引导学生深入理解儒家文化的精髓。同时，教师可以结合当前社会的热点问题和大学生关注的实际问题，进行深入浅出的讲解和剖析，从而帮助学生扩展传统文化知识，启发他们思考人生智慧，提高心理素质水平。高校也可以邀请专业的儒学大家到学校举办讲座，结合儒学经典和社会心理热点问题，深入探讨当下心理问题的根源。这些讲座可以涵盖儒学经典中的心理智慧、儒家思想在心理治疗中的应用等内容，要通过生动的案例和深入的分析，帮助学生认识并接纳自己，提高自我认知能力和心理调节能力。同时，儒学学者还可以与学生进行互动交流，解答学生在学习和生活中遇到的困惑和问题，从而增强学生的自信心和应对能力。

其次，高校还可以设计融入儒学智慧的心理学课程。在当前的心理学教育中，往往存在过度强调西方心理学理论和方法的情况，而忽略了中国传统儒学心理智慧的价值。因此，高校可以在心理学教育体系中融入中国传统儒学心理智慧，例如在传授生命观念的过程中，结合儒家思想中的“未知生，焉知死”（《论语·先进篇》）理念，引导学生正确认识生命和死亡，从而更积极乐观地面对生活。同时，高校还可以结合儒家思想中的“中庸之道”“仁爱之心”等理念，帮助学生培养健康的心理状态和人际关系。

最后，强化传统儒家心理学智慧在思想政治课程中的教学也是至关重要的。例如，在“中国近代史纲要”课程中，教师可以引导学生体味革命先烈坚定、不动摇的意志和精神，帮助学生树立正确的世界观、人生观和价值观，提高他们的心理素质和道德修养。

2. 促进文化融入，营造健康的育人环境

将儒家传统融入大学生心理健康教育，不仅是挖掘和强化儒家心理智慧的过程，更是一个高校需要长期实践、不断积累经验的过程。在这个过程中，除了直接的教育因素，如课程设置、活动组织等，环境的潜移默化作用同样不可忽视。我国的教育传统源远流长，其中不乏关于教育环境对个人发展影响的生动典故。

孟母三迁的故事就是一个典型的例子。这个故事生动地展示了教育环境对个人成长的深远影响。

为了让儒家文化更好地融入大学生心理健康教育，需要在整个学校中营造出一种重视儒学智慧的育人环境。具体而言，可以从以下几个方面入手：首先，充分利用校园内的空间和资源，将“儒家心理智慧”融入校园景观，促进物质文化建设。例如，在校园内的各个角落，如教学楼、宿舍楼、食堂等地方，可以悬挂横幅、贴海报和标语等，展示儒家经典心理教育名言或体现儒家心理智慧的典型事例。这些标语和海报不仅可以美化校园环境，还能在潜移默化中影响学生的思想观念，引导他们修身养性，提高人格素质。其次，在阅览室和图书馆等场所，可以将儒家经典摆放在醒目的位置，吸引学生阅读。通过阅读儒家经典，学生可以更深入地了解儒家文化的精髓，感受其独特的魅力。同时，学校还可以组织一些与儒家文化相关的讲座、研讨会等活动，邀请专家学者进行授课，为学生提供更多学习和交流的机会。再次，在精神文化建设方面，可以将儒家文化元素融入校风校训中，传承校园建设者的坚韧与积极乐观态度。通过培养这种积极向上的精神力量，高校可以帮助学生更好地应对生活中的挑战和困难，促进他们的心理健康发展。最后，还可以通过将儒家文化元素融入传统节日庆祝活动中，引导学生端正对人生和生命的认知。例如，在清明节期间，高校可以组织学生通过戏剧、演讲等方式了解清明节的起源、意义以及蕴含的生死观念。通过这种方式，学生可以更加深刻地认识到生命的短暂和珍贵，从而更加珍惜当下的时光，努力实现自我价值。

3. 注重实践融入，强化大学生心理健康行动

儒家文化作为中华民族传统文化的瑰宝，其深厚的思想内涵和独特的理念，应当成为当代大学生心理健康教育的重要内容。将儒家文化融入大学生心理健康教育，不仅有助于大学生传承和弘扬优秀传统文化，更能帮助他们在实践中发挥积极的心理调节作用，为大学生的成长和发展提供有力支持。在儒家文化中，心理学的理念贯穿于思想体系之中。这些理念强调个人的自我认知、道德修养和人际关系等，对大学生的心理健康具有积极的指导意义。通过传授儒家心理学的知识，高校可以帮助大学生更好地认识自己，理解自己的内心世界，从而以更全面的视角看待成长中的挑战和困境。

为了将儒家文化更好地融入大学生心理健康教育，可以采取多种形式的实践活动。例如，我们可以举办儒家心理学知识竞赛、展览和讨论等活动，让学生在参与过程中深入了解儒家心理教育的核心内容和理念。这些活动可以在每年五月的心理健康月期间集中开展，以形成浓厚的文化氛围。此外，高校还可以在日常教学中融入儒学心理方面的元素。例如，在心理健康教育课程中引入儒家心理学的理念和方法，让学生在学习中感受到传统文化的魅力。同时，高校也可以举办以儒学为主题的戏剧表演、讲座等活动，让学生在轻松愉快的氛围中接受儒学心理知识的熏陶。

通过这些实践活动，高校可以让学生在亲身体验中感受到儒家文化的独特魅力，从而更加深入地理解和领悟儒家心理学的理念和方法。这些活动不仅能够提升大学生的文化素养和心理素质，还能够培养他们的社会责任感和使命感，促进他们全面健康发展。

二、高校文化建设对大学生心理健康教育的作用机制

高校文化建设如何影响大学生心理健康教育的运作？在心理健康教育的过程中，文化的作用如何显现？这些问题对于心理健康教育的可行性和实施效果至关重要，因此值得深入探讨。

一方面，要明确的是，文化对于大学生心理健康教育的影响是多维度、多层次的。一方面，积极、健康的文化氛围能够有效推动心理健康教育的开展，使大学生在和谐、包容的环境中健康成长；另一方面，消极、落后的文化则可能阻碍心理健康教育的进程，甚至对大学生产生负面影响。因此，加强高校文化建设，营造积极向上的文化氛围，对于提升大学生心理健康教育的效果具有重要意义。

另一方面，高校文化主要由物质文化、制度文化和精神文化三个层面构成。物质文化包括校园建筑、设施设备等硬件条件，可为大学生提供良好的学习和生活环境；制度文化则体现在学校的各项规章制度和管理机制上，可为大学生提供规范的行为准则；精神文化则是指学校的精神风貌、价值观念等软性条件，可对大学生的心理健康产生深远影响。这三个层面相互交织、相互作用，共同构成了高校文化的整体框架。在心理健康教育中，高校文化的影响具体体现在以下几个

方面：首先，通过物质文化的建设，为大学生提供舒适、美观的学习和生活环境，有助于缓解他们的心理压力，提升心理健康水平；其次，通过制度文化的完善，规范大学生的行为举止，有助于培养他们良好的道德品质和行为习惯；最后，通过精神文化的传承和弘扬，引导大学生树立正确的价值观念，有助于增强他们的自我认同感和归属感。

然而，需要注意的是，文化并非影响心理健康教育的唯一因素。在实际操作中，还需要关注其他因素的作用，如教师的教学方法、学生的心理特点等。同时，也不能忽视文化在心理健康教育中的双面性。有时，即使教师试图传授积极的文化价值，学生的反应也可能是多样的，他们可能接受也可能产生疑虑或抵触。因此，需要在尊重学生个体差异的基础上，灵活运用各种教育方法，引导学生积极接纳和践行校园文化。

第二节　中国传统文化中的心理健康教育思想

一、内省：实现心理自我调节

中国古代医书《诸病源候论·虚劳候》中说："七伤者，……二曰大怒气逆伤肝，……五曰忧愁思虑伤心，……七曰大恐惧，不节伤志……"意思是说，情绪波动过于激烈容易产生疾病，也会给心理健康带来隐患。中国传统文化是一种非常重视个体自我内省的文化，可以说这是中国传统道德文化中特有的心理修养范畴。它虽然没有现代心理学意义上的心理健康教育的说法，但在如何理解个体的心理健康、如何面对和处理个体的心理问题等方面，有着十分丰富而宝贵的遗产。儒家在身心修养上十分重视用"内省"的方法来调节情绪。在如何处理个体的心理问题上，儒家认为应正面控制，即发挥个体的主观能动性，通过控制引发心理冲突或困惑的事件、通过认识的转换和个体的积极修养来解决心理问题；道家强调退让，通过弃智守朴、去用取无、以下为上的策略来解决心理问题；佛家采用化解，强调把生存困惑化解为其他方面来解决心理问题。这些方法有一定的消极性和被动性，但若能将其与有些心理问题合情又合理地加以联系与升华，不失为一种有效的处理方式。现代心理学研究证明，如果人们能用正确的道德规范反省自己，积极进行自我暗示，防止情绪过于激动，就能有效地预防由于情绪失控而产生的各种心理问题。

二、中庸之道：做到保持心理平衡

保持心理平衡是心理健康的重要标准之一。中国传统文化中的心理平衡思想可追溯到“中庸之道”。“中庸”是儒家提出的处理世间万物的总法则，它包含着保持内心世界动态平衡的深刻内涵。对于中庸，程子曰：“不偏之谓中，不易之谓庸。中者天下之正道，庸者天下之定理。”[①] 中庸之道在心理平衡问题上是指人的内心世界在阴阳两极上不至于有所偏倚，或过或不及。

“中庸”，用现代的语言来说就是“适度”。这是明智之人对待人生的态度，对于调节现代人的生活方式、规范道德行为、求得人生成功有很大作用。防止偏倚、保持适度，对现代人达到心理健康具有借鉴价值，适度的自信是事业成功的必备条件，过了就是自负，不及就是自卑。对待挫折，适度的痛苦是进步的动力，过于痛苦就会丧失意志，难以自拔，而毫无痛苦就会失去前进的动力。随着现代社会生活节奏的加快，人们面临的挑战越来越多，心理问题也越来越突出，中庸之道在保持心理健康方面的作用显得愈发重要。要想在事业中立于不败之地，就要保持“中”的心态，积极求生存、求发展。

三、修心养性：塑造内圣外王理想人格

“内圣”即进行道德修养，成就圣贤人格，“外王”则是从事道德实践以建功立业。加强道德修养，形成正确的人生观、世界观和价值观，养成高尚的道德人格是做人的根本，是一个人建功立业的条件，也是一个人心理健康的重要标志之一。故《大学》说道：“古之欲明明德于天下者，先治其国。欲治其国者，先齐其家。欲齐其家者，先修其身。欲修其身者，先正其心。欲正其心者，先诚其意。欲诚其意者，先致其知。致知在格物。物格而后知至，知至而后意诚，意诚而后心正，心正而后身修，身修而后家齐，家齐而后国治，国治而后天下平。”这种内圣外王的思想可对中华民族的文化心理产生正面影响。首先，这种修身养性、

① 朱熹. 四书集注[M]. 南京：凤凰出版社，2016：17.

内圣外王的人格体现为中国人自强不息的入世精神，它有助于现代人克服消极悲观情绪。其次，传统文化的“内圣外王”人格体现成己成物的价值取向，可以帮助现代人克服精神危机。在“工具理性”盛行的现代，现代人价值失落，人际关系冷漠，利己心膨胀，社会风气每况愈下，这导致了人们精神家园的丧失。针对这些弊端，更需要弘扬传统文化的精髓，以调整与制约当今人们的心态。最后，儒家“内圣外王”人格可体现自我满足与社会满足的统一，儒家主张“己欲立而立人，己欲达而达人”[①]，立己、达己是起点，立人、达人是终点。只有在满足自己需要的同时，也能满足别人的需要，才是仁者胸怀；可突出人的自我价值与社会价值的统一，且把社会价值看得更为重要，这一价值取向可以矫正现代人过于自私自利的心理，对于现代人由于“精神空虚”“人生意义失落”而引起的沮丧、神经衰弱和精神分裂症有很好的预防作用，对于增强现代人的道德心理意识和社会责任感有重要借鉴价值。

四、仁爱：建立和谐人际关系

现代心理学认为，和谐的社会关系和人际关系是衡量一个人心理健康的重要标准之一。在这个背景下，中国传统文化，尤其是儒家思想，对于现代社会的人际关系处理和心理健康有着深刻的影响。

儒家思想的核心范畴是“仁”。《论语》中，孔子指出：“人者，仁也。”这一概念揭示了人与人之间交往的重要性。孔子提出“仁者爱人”的主张，把“爱人”作为处理人际关系的主要手段和最高道德原则。孔子将“仁爱”思想置于伦理道德体系的中心，结合道德规范的“礼”和道德情感的“仁”，为“礼”的认同与遵守提供了内在动力，实现了从道德他律向道德自律的转化，体现了道德主体性的思想。

在儒家思想中，仁义道德被视为人类社会得以存在和发展的根本原则和最高标准。失去仁义道德，人类社会必然陷入混乱，人们的正常生活将无法维持。儒家劝诫人们奉行“忠恕之道”，即在对待他人时要忠诚、宽恕、忍让和谅解。通过这种方式，人们可以营造出一种和谐的社会氛围，可使每个人都能够将心比心，

① 大学 [M]. 西安：三秦出版社，2018：3.

关心他人，互相宽容。这种和谐的人际关系不仅对个人的心理健康有益，也有助于社会的稳定与发展。

儒家思想强调通过外在的社会规范展现仁爱精神，倡导以尊重、友爱、宽容、恭敬的人道原则和平共处。这种精神在现代社会中仍具有巨大的现实意义。随着中国市场经济的建立和发展，人们的经济意识不断强化，但仁爱精神却在一定程度上被忽视。网络社会的发展，使人们更多地沉浸在“虚拟世界”中，导致情感冷漠，人际关系淡薄，仁爱精神匮乏。这种现象应引起我们的重视。

孔子的“仁爱”思想不仅适用于古代社会，在当今的社会环境中同样具有重要的指导意义。在现代社会，经济快速发展，物质生活水平不断提高，但人们的精神生活未必同步提升。很多人忙于工作和事业，忽视了人际关系的培养和维系，导致心理问题和社会矛盾日益突出。因此，儒家的“仁爱”思想为人们提供了一种解决问题的思路，即通过加强人与人之间的关心和理解，构建和谐的人际关系，促进社会的健康发展。

现代社会的快速节奏和高压力环境，使得人际关系变得更加复杂和脆弱。人们在追求个人利益的同时，往往忽视了对他人的关心和帮助，这不仅影响了个人的心理健康，也对社会的和谐产生了负面影响。儒家思想提倡的“仁者爱人”主张，强调通过加强人与人之间的理解和关爱，能够有效缓解这些问题。

五、义以生利：调整价值观的导向

“义利之辨”在传统文化中贯穿了几千年，儒家主张见得思义、观得思义，反对唯利是图、见利忘义。朱熹说它是儒家的第一要义。见得思义、义以为上、舍生取义的精神，一直是中国人崇尚和追求的理想境界，是深沉博大的民族精神，并积淀为国为民英勇奋斗直至流血牺牲的民族精神；平常人在生活中也崇尚道德、弘扬仁义，这使得社会形成了淳朴厚道的民风。

今天，我国正处在改革开放的时代，义利问题仍是一个大问题。社会主义的集体主义、整体观念和大局意识，以及个人利益、局部利益要服从国家利益、整体利益的原则依然是我们国家的价值导向。在当代大力弘扬传统文化的优秀传统，是时代发展所需，是保证大学生心理健康发展的要求。

六、节欲：实现精神愉快的方式

欲望是人生命活动的自然原动力，心理学研究表明，人的生理和心理上的欲望不能得到满足，人就会产生心理问题、心理疾病。而对物欲的过度追求不仅会损害个体身体健康，也是其心理上不健康的表现。因此正确引导人们追求精神上的快乐有助于化解心理冲突，使人的心理能量得到有效的释放。传统文化中有我们可借鉴的财产。儒家把人的生理欲望看作人的本性，所谓“食色性也”，孟子主张“寡欲”，荀子主张“导欲”，宋明理学提出“无欲”，实际上它们并不是绝对禁欲，而是主张用理性控制欲望的无限膨胀，二程（程颢和程颐）认为“人虽有欲，当有信而知义”。不过在中国传统文化中，人的修养目标不注重物质上的享受，而是追求精神上的快乐。著名的孔颜之乐就说明了这一点。孔子说：“贤哉，回也！一箪食，一瓢饮，在陋巷，人不堪其忧，回也不改其乐。贤哉，回也！”[①]他认为感官物欲过多会妨碍道德修养的要求，会引导人们步入迷途邪道，据此古人提出“养心莫善于寡欲”的心理修养方法，强调对生理心理的欲望要有节制，即所谓“知足常乐”。这一思想对于物质文明不太发达的国家来说，仍有巨大现实意义。在物资相对匮乏的条件下，提高人的道德境界，有助于人们正确看待困境，保持心理健康，同时在一定程度上控制欲望不仅是道德修养的必要环节，也是增加人们快乐体验的有效手段。

七、自强不息：主动入世的人生哲学

自强不息、刚健有为作为中国传统文化的一个基本精神，是中国的人生哲学，是入世的哲学。几千年来，它一直是中华儿女奋发向上、蓬勃发展的动力，它体现在民族发展和人民生活的各个方面。就民族进步和发展而言，在民族兴旺发达、昂扬向上的昌盛时期，人们把建功立业看作人生价值的最大实现。就个体人格的独立和道德品质的体现而言，自强不息、刚健有为或表现为大丈夫“富贵不能淫、贫贱不移、威武不屈”，匡扶正义，不与邪恶势力同流合污；或表现为在人生遭遇挫折时，奋发图强，决不灰心，坚定不移地追求自己的理想。这种精神更是今天我们大力弘扬的民族魂。我国如今处在市场经济体制完善发展阶段，这是社会

① 论语 [M]. 西安：三秦出版社，2018：37.

主义的初级阶段，与发达国家的综合国力相比，我们还有相当大的差距，青少年一代更应担负起历史的责任，以自强不息的精神革故鼎新，积极投身于经济建设的大潮，为建设美好的中华人民共和国而努力奋斗。

八、消愁怡悦：心理治疗的方法

中国传统文化中有许多心理治疗的方法，像消愁怡悦、移情变气法、气功导引法、义理开导法、以情胜情法等。其中消愁怡悦法是很有借鉴价值的。它是通过怡情移志帮助有心理疾病者调节消极情绪的一种心理治疗方法。清代吴师机在《理瀹骈文》中说："七情之病，看书解闷，听曲解愁，有胜于服药者矣。"[①] 这种方法的机理是通过游玩与欣赏，以及文艺、清谈、琴棋书画的爱好，和茶酒的适当品用，使环境发生变化，令人赏心悦目、怡情怡志，从而对抑郁、焦虑、紧张等心理疾病进行调适。这种方法与今天的音乐疗法、娱乐休闲疗法基本一致，这种方法对一些心理疾病患者较有疗效，值得推广借鉴。

第三节　红色文化与心理健康教育的融合

一、红色文化的内涵

自从 20 世纪国家对外开放，来自世界各国的各种价值观念纷纷涌入，过多过杂的信息对许多大学生的人生观和价值观造成了很大的冲击，三观尚未成熟的他们很可能会产生不良心理，主要有两种表现。首先是泛娱乐化心理。所谓泛娱乐化是指以消费主义和享乐主义为核心，用娱乐的心态来去对待一切事物。在这种心理的影响下，有些大学生沉迷在各种综艺、八卦和网络游戏中，对他们而言，甚至所有符合社会主义核心价值观的行为和思想都可以被娱乐化，英雄人物也不可避免地成为他们消遣的对象。其次是个人主义心理。个人主义是一种以自身利益为导向的价值观念。这种心理会削弱大学生的爱国主义情感和集体主义精神。

红色文化的背后是一段鲜活又沉重的历史，是中国共产党在带领全国各族

① 吴师机．理瀹骈文 [M]. 北京：中国医药科技出版社，2011：34.

人民坚持不懈、艰苦卓绝地追求民族解放和国家独立的革命斗争中，在社会主义建设的实践中凝练出来的最宝贵的精神财富，可以具体到祖国大地上的各种展馆（厅）、遗址、文物等资源。红色资源是连接历史和未来的纽带，是我们党和国家底蕴深厚的文化宝库。革命传统资源是我们党的宝贵精神财富。要把红色资源利用好、把红色传统发扬好、把红色基因传承好。一寸山河一寸血，一抔热土一抔魂。红色基因是信仰的种子、精神的谱系，每一片红色热土都是一个常学常新的生动课堂，蕴含着丰富的政治智慧和道德滋养。红色文化丰富的精神内涵有助于大学生心理健康发展，大学生的某些消极心理也能在红色文化的熏陶中被有效消除。

二、红色文化的心理健康教育价值探析

（一）积极认知的导向作用

心理健康是指个体能够有意识地控制自己，正确认识自己，把握好当下，着眼于未来，能够积极应对生活中的挑战并树立新的奋斗目标，提升自我，并在不断成长之后达到的最佳心理状态。积极认知能激发人们的生活热情和内在潜能，因此，培养积极的认知是心理健康教育的重要环节之一。理想与信仰是典型的积极心理认知，对人的行为模式有正面的导向、维持和激励作用。其中，革命楷模以其巨大的影响力，深深地感染着一代又一代的人们。他们所流传下来的宝贵精神财富不但能给人以强烈的心灵冲击，还能振奋人心、鼓舞人民。这些精神教育资源可以使大学生在潜移默化中感受到革命文化的力量，在无形之中体会到革命精神的深厚内涵，从而树立起积极向上的价值观，更加坚定自己的理想和信念。

（二）积极情绪情感的激发作用

积极情绪情感对认知的提升、意志的激发、信念的固化和行为的激活起着重要的作用。革命文化中包含着很多积极情绪情感因素，就拿红军长征来说，在面临敌军包围、气候恶劣及药品短缺的情况时，革命者表现出了一种积极乐观、斗志昂扬的革命精神。中国共产党领导革命群众实践中所具有的自我坚持、自我激励、不屈不挠的革命自信精神有利于激发大学生内化革命仁人志士在物资极度匮乏、环境极其艰苦的情况下迎难而上、锐意进取、为实现伟大梦想而努力奋斗的积极健康情感，进而帮助他们充实心理资本和完善人格力量，为人生发展提供不竭动力。

（三）积极心理品质的锻造作用

使大学生能够独立分析和解决问题、敢于接受机遇和挑战，意志坚定、不怕挫折的积极意志品质是育人工作的题中之义。无论在多么艰苦的环境中，中国共产党都始终积极迎接各种挑战，彰显了无产阶级政党的优良作风和坚定意志。苏区精神、延安精神是对中国共产党在艰苦环境中自力更生、艰苦奋斗精神风貌的生动概括；伟大的长征精神凸显中国共产党勇于战斗、无坚不摧的革命意志；以红旗渠精神、大庆精神、大寨精神等为代表的新型革命精神样态亦彰显了艰苦奋斗、自主创新的精神意志。因此，高校开展大学生心理健康教育要用好革命文化中的意志锻造元素，用乐观、勇敢、坚韧等积极人格特质，引导大学生科学对待人生挫折，保持积极情绪、乐观心态以及强大心理资本以抗衡困难，提高意志水平。

（四）厚植创新素养的推动作用

唯创新者进，唯创新者强，唯创新者胜，创新素养是大学生应当具备的核心素养之一。革命文化的核心内涵之一就是开拓创新精神。1921 年，中国共产党诞生在浙江嘉兴南湖的“红船”之上，这标志着中国的新民主主义革命从此有了坚强的领导者，透过这一伟大革命实践所表现出来的革命精神首先便是“开天辟地、敢为人先”的首创精神。以邓稼先、钱学森等为代表的一大批杰出科学家，开展独立自主的科学创新探索所形成的“两弹一星”精神，亦是对中国共产党革命精神创新发展的一种新的诠释。革命文化所蕴含的创新理念、创新精神对大学生的创新能力、创新素质的锻造、提升具有不可替代的重要意义。

三、红色文化与大学生心理健康教育融合实践

（一）深入研究红色文化与心理健康教材的融合

为了充分发挥红色文化在大学生心理健康教育中的积极作用，高校的首要任务是对红色文化展开全面且深入的研究，致力于发掘红色文化与心理健康教育的潜在联系，进而实现二者的融合，共同促进大学生的全面发展。高校应积极搜寻获取红色文化素材，形成本校研究资源库，并将这些素材融入心理健康教育教材，为心理健康教育实践积累丰富的资源，促进大学生心理健康教育的发展。

（二）红色文化与心理健康教育课堂的融合

在学校心理健康教育课程体系建设中，要注重推进教学方法的创新，并在此基础上，提出以“红色文化”为主要内容的学校心理健康教育课。第一，在教学过程中，高校应该围绕着红色文化的发展过程，利用一系列的主题式叙事教育，将革命先烈的英雄形象生动地再现出来，让学生对红色文化的丰富内涵有更加全面和深刻的认识。为了提升教学效果，教师可以在课堂上播放一些影像资料，如红色纪录片、红色电影和革命英雄的访谈视频等，要通过这种方式使大学生深入了解红色事迹发生的时代背景及革命英雄的理想信仰，并使学生对其中所包含的精神力量有更深刻的认识，从而使他们产生强烈的爱国主义情绪和民族精神。第二，在教学过程中，教师要鼓励学生踊跃地走到讲台上，把自己对红色文化的理解分享出来，同时，也要鼓励他们把自己所知道的红色文化讲述出来。这样一来，学生会对红色文化有更深的了解，红色文化在心理健康教育课堂上也就能发挥应有的作用。第三，教师要不断地探索和充实教学方式和方法，提高学生的课堂参与程度。比如，采取情境教学法，教师可以利用虚拟现实技术创设逼真的革命情境，让学生深入感受革命先烈的英雄事迹。在这种教学情境中，学生能更深刻地感受到革命先烈甘于奉献的高尚品格和不怕牺牲的精神，这有利于培养学生积极向上的品质，能使学生的心理得以健康发展。

（三）教师教学与红色文化教育观的融合

将教学与红色文化融合在一起，不仅是时代赋予教师的使命，也是高校推动学生全面发展的重要途径。红色文化教育观为教师教学提供了深刻的思想指引。在授课的时候，教师一定要以身作则。只有教师主动学习科学的教育理念，才能在教学活动中对学生产生积极的影响，提高他们的心理健康水平。在这种情况下，高校应该加大对教师的培训力度，努力提高他们的红色文化修养，为教师形成系统的红色文化教育观奠定基础，促使教师在大学生心理健康课上积极开展红色文化教学。

（四）基于红色资源开展活动

红色文化内涵丰富、感染力强，在心理健康教育中使用红色文化资源可以提高大学生的心理健康水平、规范大学生的行为。在全国范围内，红色文化资源随处可见，学校可以组织学生去红色旅游胜地旅游，必要时可聘请专业的导游为学生详细介绍各个景区的红色历史，并充分利用红色资源对学生进行爱国主义教育，使学生在不知不觉中改变自己的心理认知，将社会主义核心价值观融入自己的生活中。同时，学校也要鼓励学生在周末或暑期自行到红色旅游景区进行实地考察。在游览期间，学生可以回忆学过的关于该景区的红色文化知识，进而升华红色文化内涵。

学校要大力提倡和鼓励大学生自主成立社团，交流红色文化。大学生是心理健康教育的主要对象，也是学校各种活动的积极参与者。为此，高校要为大学生提供组建社团的机会和平台，把红色文化与社团活动有机地融合在一起。比如，高校可以在骑行社团中推出“红色革命路线”游览活动，这样既能锻炼大学生的骑行能力，又能让他们更深刻地感受到红色文化对他们的影响，从而引导他们形成积极健康的心态。

（五）加强红色文化宣传力度

鉴于当前互联网技术日新月异的发展态势，各类网络应用程序已经深深根植于大学生的生活和学习中。因此，高校应顺应时代潮流，利用网络技术在校园内宣传红色文化，从而提高红色文化的影响力，巩固红色文化在大学生心中的地位。首先，学校应组建一支专业的宣传队伍，其职责是在学校各个角落积极宣传红色文化。如今，网络已经深入到大学生日常生活的各个方面，为他们提供了获取信息和了解时事的平台。因此，高校可以通过微信公众号、抖音号、快手号等多种网络渠道宣传红色文化。其次，在宣传的内容上，学校要尽可能地控制好质量，输出优质、有意义的内容，将红色文化真正融入学生的头脑中，使其对大学生的心理健康教育起到积极的推动作用。最后，高校要灵活地采用各种宣传形式，要尽量采用文字和图片相结合的形式，或者以微视频的形式来宣传，以此来激发大学生的了解欲望，使红色文化促进心理健康教育的发展。

（六）打造红色文化的校园环境

在中国传统文化中，不乏诸多例证可凸显环境对于个体成长的深远影响，孟母三迁的典故便是其中之一。这些经典故事深刻揭示了环境在人的成长历程中所扮演的关键角色。鉴于此，高校可通过精心营造富含红色文化底蕴的校园环境，将红色文化有机融入心理健康教育之中。在运用红色文化物质资源来营造红色文化校园环境时，高校应充分利用各种手段与载体。例如，高校可以通过创办校园红色文化公众号、推出校园红色文化广播以及建设校园红色文化景观等方式，使红色文化元素在校园内随处可见、触手可及。同时，还应深入挖掘红色文化资源，使红色文化与校园文化融为一体，共同构建和谐的、健康的校园环境。例如，高校可以定期举办红色文化交流活动，让学生深刻感受红色文化的精神内涵，从而激发其爱国热情，坚定其理想信念。

第三章 网络文化中的大学生心理健康教育

本章对网络文化中的大学生心理健康教育进行了阐述，主要包括三个方面的内容，分别是网络和大学生心理健康教育、网络文化与环境对大学生心理健康的影响、网络文化视角下大学生心理健康教育路径。

第一节 网络和大学生心理健康教育

一、网络环境的特征

网络由计算机技术和通信技术结合而成，它是把处于不同地理位置、具有独立功能的多台计算机、终端及其附属设备、通信线路连接起来，并配备相应软件，最终实现资源共享的通信系统。因特网的主要环境有：万维网、电子邮件、网络新闻组和电子公告牌、同步聊天室、图示世界、互动的影像和声音等。所谓互联网，即国际信息互联网络，特指集通信网络、计算机、数据库以及日用电子产品于一体的电信交换系统。它能使每个用户随时随地地将文本、声音、图像等传递给设有终端设备的任何地方、任何个人。校园网指各学校自主建立的局域网。从网络技术的角度来说，网络具有数字化、信息化、无中心化、高效化、多媒体化、全球化的特点；从网络社会的角度来说，网络的主要特征有信息传输的互动性、网络时空的虚拟性、网络行为的匿名性、共享资源的丰富性、价值观念的多元性、利益主体的多样性等；从作为大学生心理健康教育的环境来看，网络环境具有以下特点。

（一）信息交流的交互性特征

交互性是互联网的一个重要特征。在互联网时代，信息传播模式摆脱了以书籍报刊为载体，或者以广播电视为载体的单向传播模式。互联网上的信息具有双向传播的特点，也就是说，当使用者收到有关的互联网信息后，他们可以根据自己的需要，对其进行反馈。网络的实时交互和非同步传输的技术架构，可使传统信息传播中传收双方的固定关系发生根本性的变化。在互联网环境中，每一个用户都能作为信息的接收者存在，也能主动地转换成信息的传播者，并能在网上进行实时的信息交换和交互。这一双向的信息传递方式，大大丰富了人们在互联网上的互动体验，推动了信息的广泛传播和共享。

（二）交流空间的虚拟性特征

网络世界是虚拟的。在网络信息传播的过程中，人们所接触到的文字、图像、声音和场景，都由数字终端呈现。在网络沟通中，人们可以隐藏真实身份，使用化名或昵称与他人交流。人们可能在与一个虚构的角色交流，也可能在与一个别有用心的人打交道，对方的真实身份无从得知。我们往往只能得到对方经过华丽“网络包装”后的形象。这些形象可能是精心打造的，也可能是无意识的产物，但无论是哪种情况，它们都与真实世界中的个体存在着一定的差异，这种差异使得网络交流充满了虚拟性。

（三）信息传播的开放性、广泛性特征

信息传播的开放性体现在人们获取与共享信息的方式上。随着网络技术的发展以及移动设备的广泛应用，人们可以从各种渠道轻松地获取信息。不管在哪里，只要能上网，人们就能得到全世界任何地方的信息。由于网络的存在，信息共享变成一件很容易的事情，通过社交平台，人人都能成为信息的传播者。

信息的广泛性表现在信息的影响力与覆盖面上。在网络环境中，信息的传递变得越来越迅速与广泛。一则新闻、一种看法、一件事，常常可以在很短的时间里传遍世界，引起人们的关注与讨论。这种广泛的信息传播途径，大大提高了信息的影响力，使人们对世界和社会有了更全面的认识。

（四）信息服务的直接性特征

在当下这个信息化高速发展的时代，人们追求的不是单一的文字信息，而是更为丰富、全面的多媒体信息。网络可以为用户提供包含文本、声音、图像等在

内的综合性服务，使得人们在获取信息的同时，也能得到更为直观、生动的视听体验。这种直观性和生动性，不仅能提升用户对信息的理解和记忆程度，还能在一定程度上激发用户的想象力和创造力。因此，网络多媒体技术对于用户个体产生的影响是直接而显著的。

（五）网络服务时间的全天候特征

互联网以其特有的优越条件，给人们的生活带来了空前的便利。网络可以全天候提供服务，在任何时候都能够高效率、稳定地工作。它打破了时间和空间的局限，使大学生可以在任何时间、任何地点通过互联网获得自己需要的心理健康教育资料，并获得更多的知识和帮助。在网络环境下，只要网络硬件正常运行，就能开展大学生心理健康教育。这大大加强了高校学生对心理健康教育的了解。

二、网络环境为大学生心理健康教育带来的便利

（一）使得大学生心理健康教育工作的效率提高

网络以其独特的传播优势，极大地丰富了大学生心理健康教育的形式和内容，使心理健康教育的覆盖面和受众得到了前所未有的扩展。网络传播的广泛性使得心理健康教育不再局限于传统的课堂教学，而是可以覆盖到校园的每个角落，甚至延伸至社会的各个层面。此外，教师可以从网络上获取各种各样的教学资源，还可以与优秀教师交流教学经验，这极大地提升了心理健康教育工作的效率和质量。

（二）使得大学生心理健康教育网站构建的成本降低

在不消耗大量人力和财力的情况下，学校可以利用网络建设心理健康教育网站。学校只需要聘请一些心理健康教育专家以及计算机、网络技术领域的专家，就可以在网络上搭建起心理健康教育网站，这可以大大减少建设投资。另外，站点建设后的维修和更新费用也较低，可达到一次投资、长期受益的良好效果。

（三）使得大学生心理健康教育信息的时效性增强

相比其他资源，信息资源更容易受时间影响。信息资源的时效性不仅体现在信息更新迭代的速度上，更明显体现在人们开发和利用信息的时机上。只有在合适的时机利用信息，人们才能取得最佳效果。网络信息更新速度快、传播速度快、

影响范围广，这使得大学生心理健康教育信息的时效性也很强。传统的纸质大学生心理健康教育教材更新频率基本上是几年一次，许多心理案例、研究成果都已经过时，而网络上的健康教育信息更新速度快，时效性强，这能使心理健康教育资源得到不断补充。

（四）使得大学生心理健康教育信息获取更便利

随着互联网的普及，如今，大学生不再受限于传统的图书馆和资料室，可以随时随地利用手中的网络设备，轻松获取所需的信息，这种便捷的获取方式极大地节省了大学生查找信息的时间。网络搜索引擎已成为大学生获取心理健康教育信息的得力助手。通过输入关键词，大学生可以迅速在浩如烟海的网页中很方便地找到丰富的心理健康教育信息，这样的获取信息方式突破了传统的线性学习方式的限制。另外，通过点击链接，大学生可以轻松地跳转到心理健康教育网页，获取更多的心理健康教育信息和知识。这不仅能提高大学生的学习效率，还能激发大学生的学习兴趣和探索精神。

（五）使得大学生心理健康学习方式与内容呈非线性特征

网络信息的超链接功能，极大地拓展了大学生心理健康学习的内容与方式，彻底突破了传统线性学习模式的限制。在电子课本和在线学习平台的辅助下，知识已经不再被线性地排列，而是以网状结构呈现，具有分散性和模块化的特点。学习者可以根据自己的需求以多种方式组合和检索知识，获得个性化的学习体验。大学生在学习心理健康知识时，不必再按教学进度学习，而是可以根据个人兴趣随时选择任何一个主题进行学习。

（六）使得大学生心理健康教育信息显示呈多媒体化特征

在传统的心理健康教育模式中，信息展示往往局限于文字和图片，其形式单一且难以引起学生的兴趣。然而，随着网络技术的快速发展，多媒体信息展示方式为大学生心理健康教育带来了全新的变革。网络使得心理健康教育信息能够以视频、音频等多种形式呈现。这些多媒体化展示形式生动、直观，能够帮助学生更好地理解和掌握知识。例如，播放一些心理健康教育视频可以使学生身临其境地感受心理问题的发生和发展过程，从而增强他们的同理心，提高他们的应对能力。网络信息的多媒体表现形式大大提高了信息的表达能力，有助于提高学生的学习效率。

三、网络环境下加强大学生心理健康教育的思路

（一）遵从网络环境下大学生心理健康教育的指导原则

心理教育的指导原则，作为心理教育从业者必须恪守的基石，是心理教育实践经验的凝练与升华，更是确保心理教育目标得以实现的坚实保障。唯有严格遵循科学的标准和程序，方能最大限度地提升教育成效。鉴于网络对学生心理健康产生的深远影响，在实施心理健康教育的过程中亦应坚守以下原则，以确保教育工作的科学性与有效性。

1. 科学性原则

心理健康教育是建立在科学原则之上的，具有独特的教学规律。只有遵循科学性原则，才能取得良好的教学成果。教师在完成大学生心理健康教育任务时，应基于学生的心理发展特点，实施有针对性的教学策略。教师务必充分理解并应用最新的心理学研究成果，准确把握并妥善运用心理健康教育的相关策略和技巧。在开展心理健康教育活动时，教师应深入了解大学生的心理状况，以客观认真的态度参与教育过程，避免出现主观情绪，以确保心理健康教育工作的科学性。

2. 发展性原则

大学生心理健康教育是一种全面教育，属于素质教育体系，它面向所有大学生，致力于推动所有大学生积极认识心理健康，以提升其心理素质。在研究大学生心理健康问题时，教师应始终秉持发展性原则，深入分析各类影响因素，以找出影响大学生心理健康发展的主要因素。大学生心理健康教育的目标是促进全体学生心理健康成长，而非仅限于关注个别学生的心理困扰。为此，教师应以发展的眼光看待学生的心理健康问题，逐步构建起全新的大学生心理健康教育模式，该模式以全面预防学生心理问题为主，以对存在心理困扰的学生进行干预为辅。

3. 主体性原则

教师在实施心理健康教育时，应当充分认识到学生的主体地位，鼓励他们积极主动参与，从而培养他们的心理素质和应对能力。

首先，教师应尊重学生的独特经历和个性特点，这些因素会影响他们的心理状态。其次，教师应注重激发学生的内在动力。心理健康教育的目标是帮助学生获得积极的心态和健康的心理素质，而这需要学生自身的努力和参与。再次，与学生建立互信关系也是心理健康教育中不可或缺的一环，教师应该用真诚的态度与学生建立起一种平等、尊重、信任的关系，在培养学生的自我学习能力方面，教师可以引导学生通过阅读心理健康相关书籍、参加心理健康讲座等方式，拓宽他们的知识视野，提高他们的自我认知和自我调节能力。最后，对于那些有心理困扰的学生，教师应鼓励他们主动寻求心理咨询和辅导，心理咨询和辅导是帮助学生解决心理问题、摆脱困境的有效途径。

4. 灵活性原则

实施心理健康教育务必全面考量不同大学生在心理健康层面所展现的差异性。在对大学生实施心理健康教育时，教师必须高度重视并充分尊重每位学生的个性化特质，依据每位学生的具体需求与特点，灵活采取多元化的教学方法。在落实教育措施时，教师应紧密结合自身需求及其所处环境，选取适宜的教育原则与方法，并依据实际情况进行灵活调整，以确保取得最优的教育效果。简而言之，教师应结合具体情况，因时因地因人制宜，适时采取恰当的应对措施，针对不同学生采取差异化的教育手段，以开展精准与高效的心理健康教育。

（二）完善网络环境下大学生心理健康教育内容

1. 增强网络意识教育引导大学生树立正确的网络观

目前，大学生对网络的了解主要聚焦在技术层面，他们更加关注网络所呈现的各类信息和互动方式。然而，必须指出，当前大学生群体对于网络对社会道德、个人素质所带来的深远影响，尚缺乏全面而深入的探究和反思。为此，亟须积极引导大学生正确认识网络在推动社会发展中的关键作用，鼓励他们将所学所得应用于实践，为促进祖国的繁荣与进步贡献自己的力量。同时，亦应警示大学生警惕网络中充斥的各类负面信息，以免受到其不良影响。大学生应保持清醒的头脑，专注于学业发展。此外，还应加强对学生政治觉察能力和网络信息辨识能力的培养，教导他们学会科学、理性地筛选和利用网络信息，善于辨识并自觉抵制网络上的不良诱惑。

2. 增强“选择教育”，即价值选择和网络选择

要引导大学生对适宜的、理智的价值观念进行自主选择。虽然网络只是一项技术工具，但是其所包含的信息往往有着很强的价值性，需要大学生谨慎评估和选择。大学生通过网络选择教育，可学会在适当时机融入网络世界并保持好网络与生活的关系。首先，需要指导大学生如何最大化地利用网络为个人成长提供的便利条件，充分发挥网络对他们成长的积极作用。其次，也要帮助大学生从网络中顺利抽身，让大学生意识到网络不能占据他们大部分时间。沉迷于网络会使大学生无法摆脱困境，甚至可能迷失自我，患上网瘾。

3. 增强性健康教育

传统教育体系缺乏性健康教育。为了改变这一现状，必须持开放的态度，对大学生进行性生理及心理健康教育，以充实他们的生理健康知识和性健康知识储备。

4. 增强网络道德教育

鉴于当前网络环境的复杂性，网络道德教育亟须加快步伐，这也是素质教育体系中不可或缺的一环。大学生尚未正式步入社会，缺乏分辨是非的能力，尤其是在信息冗杂的网络上，更是容易迷失自我。因此，对大学生进行网络道德教育迫在眉睫，尤其应重点培养他们的道德素养，使其具备自我管理能力，不受网络掌控或支配，对自己在网络空间的行为负责。同时，在网络上发现不道德行为时，大学生要勇敢地站出来维护正义，为营造和谐的网络环境贡献力量。加强网络道德教育有助于提高大学生的分辨力和判断力，有助于他们筛选出积极向上的网络信息资源，也有助于他们在面对不道德的网络行为时分辨对错，正确处理各种问题，加强对自身行为的规范，在网络社会中展现良好的道德品质。

5. 增强网络法治教育

网络犯罪的根源主要在于犯罪者对于法律知识的匮乏。众多个体在实施网络犯罪时，并未抱有明确的犯罪意图，而是将其视为一种复杂且富有挑战性的智力游戏。当前社会普遍缺乏对网络犯罪行为的深入了解和认识，许多人错误地认为网络犯罪是智商、技能与勇气的展现，从而对其抱有欣赏甚至羡慕的态度。网络犯罪作为一种依托高科技和高技能进行的新型犯罪形态，其复杂性和隐蔽性使得

现行法律体系难以完全覆盖。因此，当前法律体系中存在的漏洞使犯罪分子能够钻空子。鉴于网络犯罪的严重性和复杂性，社会迫切需要建立起一套符合互联网发展特点的法律体系。在当前大学生心理健康教育中，加强对年轻学子的网络法治教育已成为亟待关注的重要课题。鉴于网络交流环境的特殊性，不同文化背景、宗教信仰、社会身份的人在网络上交流，往往容易发生冲突。为维护网络秩序、避免冲突升级，必须强调网络行为规范，教育大学生尊重他人，并加强自我管理。因此，教师在利用网络开展大学生心理健康教育的同时，也应该加强网络法治教育，高度重视对大学生网络法规意识的培养。要通过系统的网络法治教育，使大学生能够在享受网络便利的同时，自觉遵守法律法规，共同营造健康、和谐的网络环境。

（三）开展大学生心理健康网络化教育

1. 开展大学生心理健康网络化教育的必要性

随着互联网技术的飞速发展和普及，大学生心理健康教育迎来了前所未有的传播平台，但也面临着前所未有的挑战。网络环境对大学生的心理健康影响日益显著，因此，在网络环境中有效开展大学生心理健康教育，已成为当前高校教育工作的一项重要任务。为此，建立一个完善的大学生心理健康教育平台显得尤为重要。

（1）是实现大学生心理健康教育现代化的迫切需要

心理健康教育是在不断变化的社会环境中开展的活动，其中的受教育者、教育目标和内容都在持续发展。在当今社会背景下，大学生心理健康教育需要注重采用符合时代特点和未来发展趋势的教学方法。随着计算机网络的发展，大学生心理健康教育展示出更现代化、信息化的特点，这表明现代社会正在向信息化和网络化方向发展。笔者深信，推广网络心理健康教育对于实现现代化心理健康教育目标至关重要。

（2）是改革心理健康教育模式、充分发挥大学生主体性的客观要求

在传统心理健康教育模式中，心理健康知识的流向是单向的。在这种教育模式中，教师是心理健康知识的主要传播者，学生的主体性被严重忽视甚至受到抑制。这种抑制有时候会产生负面影响，并且会削弱心理健康教育的质量。而利用

网络开展心理健康教育时，教师常常与学生合作，一起搜集、整理心理健康教育资源，这不仅能增强师生的互动性，而且还能提高师生的思想境界。因此，在网络时代，教师的作用已经不仅仅是传授知识，而是要激发学生的积极性和自主性，培养学生处理信息、理解和判断信息的能力，以及筛选和创新应用信息的能力。毋庸置疑，利用网络平台开展心理健康教育可以有效提升学生的主体性。

（3）是高校普及心理健康教育的迫切需要

目前，一些高校并没有开设大学生心理健康教育课程，同时，还有一些高校虽然开设了大学生心理健康教育课程，但教授过程并不严格。当前高校开设的大学生心理健康教育课程无法从根本上影响大学生。通过在线教育促进大学生心理健康，为课堂内的心理健康教育提供额外的帮助和资源是心理健康教育网络化的体现。在网络上传播心理健康知识，可以及早解决大学生的心理困扰，逐步实现心理健康教育网络化。网络化的心理健康教育是一种开放式的教育模式，学生可以在网络上查到公开的心理咨询案例、公开的心理健康教育课程，这种开放式教育模式可以吸引各界人士就心理健康教育问题展开讨论，共同探索解决方案，从而提高心理健康教育的科学性。绝大多数大学生都是同年龄段的年轻人，他们有着相似的生活经历，因此他们会面临类似的生活挑战。因此，他们所面临的心理健康问题也基本相似。在网络上分享心理健康知识可以帮助大学生正确处理心理困扰。因此，利用网络化教育来解决大学生普遍存在的共性问题，可以避免重复分析和说明相同问题，提高教育效率，从而加快心理健康教育在高校中的推广。

（4）是更好地完成高等教育“育人、树人”任务的迫切要求

为了在当前新的环境中更高效地完成育人使命，大学生心理健康教育应该更多样化，以全面影响所有大学生。随着时代的不断演进，计算机网络作为新兴的“第四媒体”，其影响力正日渐凸显，且覆盖范围持续拓宽。在大学生心理健康教育领域，传统媒体始终占据着重要的地位，发挥着不可替代的作用。然而，为完成“育人、树人”任务，单纯依赖传统媒体已难以满足当前需求。在应对新形势、新挑战时，必须积极探索并应用新型教学模式，以进一步增强心理健康教育的实效性。要将计算机网络与心理健康教育深度融合，开展心理健康教育的网络化教学，并与其他教育形式相互补充、相互促进，共同推动心理健康教育实践的创新

发展。此举有助于全面促进心理健康教育更好地实现“育人、树人”的根本目标，可为大学生的全面发展奠定坚实基础。

总体而言，大学生心理健康教育应紧跟时代步伐，与社会发展保持同步。应当深刻认识到网络在心理健康教育中的重要作用和潜在影响，并有针对性地利用网络资源，推动心理健康教育的现代化进程。同时，还应在实践中不断挖掘和创造更多的心理健康教育价值，为培养具有健全人格和良好心理素质的新时代大学生贡献力量。

2. 开展大学生心理健康网络化教育的可行性分析

（1）以 WEB 为基础的心理教育网络技术

World Wide Web（简称 WEB）是以超文本方式将文本、图形、动画、声音、视频等多种媒体有机地融合在一起并相互连接着的巨大的超媒体信息资源库，且具有用户界面的简单定义，即完美的说明性语言 HTML（超文本标记语言），允许巨大传输量的传输协议 HTTP（超文本传输协议），其对于传输多媒体数据具有平台无关性等多种优点。WEB 的信息量和使用范围远远超过其他类型的应用，是当今网络上的信息主体。因此，开发基于 WEB 的教育系统 EBW（Net—Work Education Based on Web），成为如今教育研究领域的重要课题。利用网络进行心理健康教育，属于 EBW 的一个重要内容。

EBW 是一个典型的基于客户服务器方式的应用，主要有以下几种模式。①WEB 浏览器。它相当于客户端软件，可为心理健康教育提供一个基本的平台。②客户端扩展程序。其主要功能之一是执行输入域合法性检查，可通过嵌入网页的 JavaScript 或 VBScript 实现。它可以在客户端过滤掉学生的一些与心理咨询无关的或非法的输入信息，从而提高系统的效率及安全性。③数据源。它是数据集合及其组织形式的总称，可由某种数据库管理系统生成并负责维护，负责存储心理健康教育的相关资源，包括心理测验、心理案例分析等。④WEB 服务器。它可接受客户端 Browser 的请求，并按要求向 Browser 发送各种数据，实现与 Browser 的无状态对话，它便于人们开设网上心理咨询门诊，随时解答大学生的有关问题。

（2）拥有利用网络开展高等教育的成功经验

我国曾在广播、电视等领域开展了网络建设，并且已经建立起了覆盖整个国家的广播电视、电信网等网络系统，这为计算机网络的发展打下了基础。近几年来，网络在高等教育中发挥着越来越重要的作用。这种开放式的网络教育既能满足学生不断增强的求知欲，又能为高校建设计算机网络、开展教学活动提供有益的借鉴与启发。比如，广播电视网络对社会主义意识形态的宣传、国家主流文化的传播都有其重要的现实意义。虽然计算机网络和电视网络有许多不同之处，但是二者在功能特征上都有一定的共性。在心理健康教育网络化的过程中，教师要善于学习和运用好成功的网络化教育经验，从而建立起一个功能强大的网络教育体系。

3. 构建大学生心理健康网络化教育的网络环境

第一，完善制度，建立网络安全体系。近年来，我国相继出台了《中华人民共和国计算机信息网络国际联网管理暂行规定》《互联网信息服务管理办法》等与信息网络管理相关的法律法规，这有助于规范我国互联网信息服务活动。

我国现有的相关法律对网络信息业务的良性、有序发展给予了很大帮助。但是，由于网络技术的迅速发展，以及网络在高校迅速普及，现有的法律法规已经无法确保网络环境健康、有序。因此，高校必须及时、有针对性地制定“校园计算机网络管理暂行规定”“校园网络管理细则”等管理办法，并在实际工作中予以贯彻落实。同时学校要建立校园网络安全体系，适时有效地对网上的各种信息进行监督控制，及时过滤筛选过时的和不真实的信息，防止垃圾信息、非法信息、骚扰信息和病毒信息的传播，严把各校园网站信息的质量关，防止不健康、不可信的信息流入校园。

第二，为确保网络教育工作有序进行，学校应深入优化管理体制，清晰界定并明确各部门的职责与权力。针对网络教育工作的独特性和需求，学校应设立专门的管理机构，该机构应由学校党政主要领导担任负责人，并鼓励党政办公室、宣传部门、学生工作处、网络信息等相关部门参与其中，共同构建网络宣传教育领导体系。要通过建立健全管理体制和高效的工作机制，确保网上宣传教育工作的顺利进行，推动其不断取得新成效。

第三，为提升学生的法治素养，规范其网络行为，一方面，学校需加大网络法治教育力度，为学生开设法律基础课。另一方面，学校要开展网络道德教育，聘请教师为学生讲授思想品德课。要通过网络道德和网络法治教育，引导学生以现实中的道德标准来规范自己在网络空间的行为，从而增强学生的网络守法意识，提高学生的网络道德素养。同时，学校还要告知学生即便在虚拟世界中，也应严格遵守法律法规。

第四，强化网络信息管理，切实净化网络环境。网络是一种技术载体，在使用网络时，做好风险防范的关键是加强管理。一是利用先进技术手段，研制出过滤软件，将网络中的不良信息过滤掉。并对国际往来信息进行严密监督与监测。二是进一步完善相应的法律法规、政策等，对公民的网络行为进行有效的规制，促进网络空间的良性、有序发展。

4. 开展大学生心理健康网络化教育的具体措施

信息技术和网络技术的持续进步，为心理教育的实施提供了现代化的技术支持，有效拓宽了心理教育的实施范围与途径，并极大地丰富了心理教育资源。网络化心理教育是指教师运用网络技术对学生进行心理健康教育，帮助学生解决心理困扰，以提升学生的心理健康水平。网络化心理教育涵盖多个方面，包括网络化的心理测验、心理咨询、心理诊断、心理辅导、心理治疗等。在现代，网络化的心理健康教育有诸多优势。此外，网络具有开放性、匿名性特征，这使得网络化的心理教育能够保护学生的隐私，不易使他们产生逆反心理或心理压力。比如，网络的匿名性特征可以使学生在宽松、自由的网络环境中对性教育、心理问题等较为敏感的话题畅所欲言。

网络心理教育十分复杂，牵涉多个方面。在开展心理健康网络教育时，教师要找到科学的指导思想，统筹规划，努力在各个方面取得进展。目前，应该尽快采取措施，构建一个统一的心理健康教育工作网站，为全国的心理健康教育者提供一个信息共享、讨论交流的平台，促进网络化健康教育工作的开展。

（1）规划和建设好大学生心理健康教育网站

在网络上可以找到成千上万个心理健康教育网站，它们面向不同年龄层、不同知识水平和社会领域的用户。这些网站覆盖面广，但其并未深入考虑青年大学生的心理特征。在过去的几年里，一些知名的高校已经开始提供在线心理教育服务，这引起了很多学生的浓厚兴趣，网站点击量也明显提高。经过近两年的建设，中国科技大学的网上心理教育已经成为该校网络教育体系的重要组成部分。然而，目前很少有高校积极推广并开展网络心理健康教育。

首先，搭建心理健康教育网站是开展网络心理健康教育的第一步，因此高校要开展网络化的心理健康教育需先搭建校级心理健康教育网站。

其次，在扩充网站内容时，高校应充分考虑在校师生的需求。只有充分满足了教师和学生对心理健康教育的需求，高校心理健康教育网站才能够实现长期稳定的发展。一项研究显示：学生对心理健康教育网站的内容的需求因年级不同而有所差异。大一、大二学生更想要在学业、人际关系、情感方面获得指导，而大三、大四学生更想要在就业和继续深造等方面获得指导。因此，在规划网站内容时，应采取差异化的策略，针对不同年级的学生，精心安排和呈现相应的内容。同时，要保持内容的时效性和更新频率，以确保网站内容始终与学生心理健康的实际需求保持高度契合，进而提升网站的点击率和利用率，使其成为学生获取心理健康知识、寻求心理帮助的重要平台。

最后，高校要整合心理健康教育网站和传统心理健康教育方法。心理健康教育网站可以促进学生与教师的沟通和交流，但如果使用方式不当，则会产生不利影响。在现实生活中，师生之间的交流依然要以面对面交流为主，只依赖网络交流或表达情感可能使学生开始逃避真实世界，不敢直面现实或变得封闭。因此，学校应该将心理健康教育网站与传统的心理健康教育整合在一起，不仅着重于发展网站，还要积极开展线下心理健康教育，以确保现代大学生心理健康。

（2）进行网络心理测试，科学测评大学生网络心理

心理测试是指经过测验编制程序实现标准化并用以测量心理特性的工具，是心理学工作者依据一定的心理学理论编制的。它按照一定的系统程序给人的心理特性以数量化的过程，能对贯穿于人的全部行为活动的心理特性做出一定的推论和数量化的科学分析。20 世纪 80 年代，我国开始应用心理测试对大学生的心理健康水平进行评价。随着网络技术的发展，网络心理测试应运而生，它使大学生心理健康水平评价变得更高效、更准确，在心理健康教育领域有极大的影响力。如今，网络心理测试已成为衡量大学生心理健康水平的一个重要手段，在大学生心理健康教育中扮演着重要角色。它的主要特征如下。

①测试过程的自主化。随着网络技术的发展，人们可以直接在网络上进行心理健康测试。借助先进的网络技术，测试者现在可以在彼此方便的时间和地点获取测试对象的信息，不再受固定的时间和地点限制。测试活动可以在任何时间、

任何地点进行。人们在家里就可以做心理健康测试，无须亲自前往测试中心，这被称为远程测试。心理健康测试工作现在可以在任何时间和地点进行，不再受限制。

②测试主体的多样化。网络的一个重要特征是交互性。它可将心理健康测试主体、客体紧密联系起来，实现测试机构之间、测试主客体之间的交互作用，使心理健康测试得以优质高效、无时空限制地进行；可为测试主客体提供一个“交互式”的测试工作平台及环境，更易于被客体所接受，更易于主客体在不见面时交流；测试主体之间、测试主客体之间在网上可以毫不犹豫地直接进行交流信息。

③测试模式的数字化。在网络环境中，测试主体能够通过网络高效传输各类数据，存储数据。数字化测试模式在心理健康测试领域展现出了诸多显著优势。首先，数字化测试实现了快捷的信息传递。通过数字化处理，心理健康测试信息的时效性得到了显著提升，使得测试结果的反馈更加迅速及时。其次，数字化测试具备多样的信息传播形式。网络测试融合了文字、图片、音频、视频等多种元素，可以生动形象的方式呈现测试结果。再次，相较于传统测试载体，网络信息容量庞大无比，能够容纳更多的测试数据和结果。最后，数字化测试还具备信息共享性。借助一台电脑，测试主体即可轻松查阅所需的测试信息。同时，测试主体还能实现信息的实时共享和更新。

④测试方法的智能化。网络测试借助网络的技术优势，测试者可以运用数字化的信息处理技术、综合心理信息数据库、多媒体终端等智能化测试工具，改进心理健康测试的传统测试方式，如人工统计、追踪调查、计算等，使心理健康测试活动更趋于灵活多样、便利快捷。纵观高校心理健康教育工作，特别是心理健康测试工作，在网络技术强大优势的支持下，能够很容易很方便地得以开展，网络已成为心理健康测试活动的有效工具，且效果显著。

网络心理健康测试相对较新奇，因此它仍然存在许多技术方面的问题。尽管如此，笔者仍对心理健康网络测试未来的发展持乐观态度。在心理健康测试中，网络测试变得越来越流行。在设计网络心理测试时，应该注意测试的科学性和趣味性。教师应充分利用网络心理健康测试，对大学生的心理健康水平进行科学测评。

（3）开展网络心理咨询，培养大学生和谐健全的人格

网络心理咨询作为一种新型的心理健康服务模式，逐渐受到了越来越多人的关注和认可。特别是在高校领域，网络心理咨询对于培养大学生健全的人格具有极其重要的意义。网络心理咨询以互联网技术为依托，旨在帮助人们解决其所遇到的各种心理困惑、矛盾和人际关系问题。与其他咨询方式相比，网络心理咨询能较好地保护学生的隐私，学生可以灵活安排时间进行网络心理咨询。针对高校学生开展的网络咨询方式有如下四种。

①利用网络进行在线心理咨询。在当今社会，大学生的心理健康问题越来越受到广泛关注。为了应对这一挑战，高校应积极邀请知名心理医生为大学生提供个性化在线心理咨询服务。这一举措旨在帮助大学生更好地应对生活中的各种压力，引导他们正确认识和解决心理问题，从而积极面对人生。心理咨询服务应以大学生的实际需求为出发点，结合专业心理医生的丰富经验和专业知识，可为每位大学生提供量身定制的咨询方案。

②利用网络论坛进行心理咨询。现如今网络论坛已成为大学生交流互动的主要场所，所以高校应该充分利用网络论坛来为大学生提供有效的心理咨询服务。高校可邀请知名的心理学专家在网络论坛上为大学生提供心理咨询服务。利用网络论坛的匿名性特点，引导者能以匿名身份参与某一话题的讨论，及时纠正大学生发表的不当言论，从而引导大学生朝健康的方向发展，培养他们积极向上的心态和健全的人格。

③利用电子邮件进行心理咨询。利用电子邮件这一便捷工具，为学生提供心理咨询服务，已经成为众多学校改进教育方式的一种重要手段。

学校可将校内辅导人员的电子信箱公布出来，让学生利用电子邮件的方式，直接咨询辅导教师，这种方式不仅能方便学生进行心理健康咨询，还使得他们能够更加自由地表达自己的思想和情感。在接到学生的来信后，辅导教师需要认真阅读并负责任地解答问题。他们可以通过详细的回复，给予学生心理上的支持和安慰，帮助他们更好地应对生活中的挑战。同时，教师还可以根据学生的具体情况，提供有针对性的建议和指导，帮助他们逐渐积累有益的人生经验。

这一举措的实施，不仅有助于高校解决学生的心理问题，还能对他们的自我概念形成和对外界适应性的提高起到积极的促进作用。通过电子邮件与教师取得

联系和交流，学生可以逐渐建立起自己的自信心，从而更好地应对生活中的各种挑战。

此外，这一举措还能加强师生之间的联系和互动。传统的面对面咨询方式可能会让一些学生感到拘谨或害怕，而电子邮件则可以为他们提供一个更加舒适和安全的交流环境。通过这种方式，教师可以更好地了解学生的内心世界，进而为他们提供更加个性化的帮助和指导。

④利用聊天室进行心理咨询。学校可以充分利用校园网建立网上聊天室，为学生提供心理咨询服务。此聊天室以心理咨询为主，可以加强学生之间的互动及沟通，能为学生提供一个讨论心理健康问题的空间。在聊天室中，每个学生都可以就心理健康问题发表自己的看法。学生还可以把自己面临的心理困扰发表到论坛上，让其他学生对一些常见的问题进行讨论。同时，聊天室也有专门的心理辅导教师或心理专家，为大家提供一些心理辅导。

互联网有效地突破了空间和时间上的交流限制，使人与人之间产生了一种新的交互方式。也正是因为这个原因，很多大学生在面临考试焦虑、社交恐惧、社交障碍等心理问题时会选择通过上网来寻求精神安慰。在网络世界，大学生可以畅所欲言，以一种更轻松的心态去面对生活。在线心理辅导不仅是高校开展心理健康教育、提高大学生心理素质的一种有效方式，也是高校解决当代大学生心理问题的一种有效的方法。

（4）建立健全大学生网络心理健康档案

为确保大学生心理健康教育的高效实施，高校需创建网络化的大学生心理健康档案，并逐步完善。大学生网络心理健康档案有助于教师精准掌握学生的心理变化情况。网络心理健康档案应全面记录大学生的个人生活经历、性格特征、心理健康水平等信息，通过档案，教师可以清楚地了解每个大学生的心理动态变化过程。学校应在严格遵守客观真实原则的基础上指派专人创建网络心理健康档案，以确保档案的真实性与准确性。教师在查阅学生的心理档案时，不得随意更改其中的内容。同时，心理健康档案涉及学生的隐私，教师必须对档案内容保密，不得擅自将学生的心理档案借给别人或泄露出去。此外，学生只能通过密码查询本人的心理健康档案，这可以保证学生的隐私不被侵犯，从而有效避免其受到潜在伤害。

大学生网络心理档案主要记录大学生心理健康状况和个性特征、反映大学生现有的心理面貌，因此其在内容设计上应包括如下几个方面。

①一般情况，具体包括姓名、性别、出生年月、民族、政治面貌、身体健康状况、兴趣、爱好、特长等。②家庭情况，具体包括家庭成员结构、父母职业、文化程度、健康状况等，旨在了解家庭对学生心理发展的影响。③早期教育情况，主要了解早期教育对学生心理发展的影响，如家庭主要教育者是谁、家庭主要教养方式是什么等。④既往病史，主要了解学生生理状况对心理的影响。包括本人是否患过各种疾病和家族成员是否有精神疾病等。⑤各种心理测验及诊断结果，旨在全面了解学生心理健康状况及个性心理特征。⑥大学生心理健康状况综合评定，即对学生整个心理面貌给予综合评定。

优化大学生心理健康档案是高校开展心理健康教育的保障，是高校实现系统化管理的重要举措，是高校对大学生进行心理危机预防与干预的基础。通过大学生心理档案，教师能够全面地认识大学生，及时发现其可能出现的心理问题。同时，心理健康档案也有助于心理健康咨询中心与教师建立有效的沟通与反馈机制，以便更好地为有心理问题的学生提供帮助。网上心理健康档案是学生在不同时期所经历的各种心理测试与评价的详细记录，是研究大学生心理健康的宝贵资料。它有助于学生全面、客观地认识自己的个性特点。因此，高校应从大一开始，定期开展心理健康状况调查，记录大一新生的心理健康状况，为每位学生创建网上心理健康档案，以更好地开展大学生心理健康教育。

（5）开展网上心理教学

心理教学是心理健康教育的重要载体。它不仅是正规的心理健康教育途径，更是高校传授专业心理健康知识的主要方式。心理教学旨在通过一系列精心设计的课程和活动，帮助学生塑造正确的心理健康观念，从而培养其健康人格和心理素质。心理教学涉及多方面的内容，其中最为关键的是教学方法和手段的运用。在现代科技的推动下，心理教学逐渐融入了更多现代化的教学手段。借助现代多媒体教学设备，如投影仪、音响系统等，教师可以更直观、生动地展示心理健康知识，提高学生的学习兴趣和参与度。同时，多媒体教学手段还可以帮助教师更好地呈现心理健康问题的实际案例，使学生更容易理解和接受相关知识。

（四）主动引导大学生利用网络自我调节

大学生心理健康自我教育就是指大学生通过自我教育来促使其心理健康发展。针对大学生所出现的认知障碍、情感障碍、意志个性障碍等心理不健康的表现，高校可以基于自我教育中正确认识自我、积极激励自我、主动调控自我等重要环节相应地进行心理健康教育，自我教育将是心理健康教育的根本途径。

随着网络心理咨询的兴起，教师也要学会如何在网络上指导学生自行调节心理问题。对于难以适应新环境的大学生来说，教师应该指导他们通过自我调整，主动适应新环境。对于心理较为健康的学生来说，他们也可能在应对变化时经历心理困扰，因此教师也需要引导他们进行自我调节。

自我调节对所有大学生都是有效的，自我调节有以下几种方法。

①宣泄，又称心理呕吐。即寻求一个可以尽情倾诉并宣泄内心痛苦的倾听者。通过倾诉内心的不快情绪，大学生可以实现一定程度的情绪调节。宣泄的关键是找一个可以信赖的倾诉对象，而这可以通过网络聊天来实现。网络的匿名性可以很好地保护宣泄者的隐私，消除宣泄者的顾虑，因此在网上找陌生人聊天，是大学生最好的宣泄方式。然而，在网上宣泄情绪时，需要大学生选择合适的倾听者。如果倾听者比宣泄者有更严重的心理困扰，二者在聊天过程中，可能会将所有负面情绪堆积起来，双方的心理问题会变得更加严重。虽然网络非常适合宣泄不良情绪，但没有指导的情绪宣泄可能产生不良后果。因此，大学生应在心理咨询师的指导下进行适度的网上心理宣泄。

②升华。升华是一种可以起到积极作用的心理机制，能够帮助学生调节因为挫折而产生的心理不适。大学生在面临挫折、无法实现目标时，应及时降低预期，改变目标，尽早将负面情绪转换为积极情绪，促进自身心理健康发展，这就是不良情绪升华的过程。网络心理咨询师能够客观地分析学生所面临的挫折，以科学的方式帮助学生升华目标，使学生朝着更容易实现的目标方向努力。

③脱敏。恐惧实质是一种情绪过度敏感的表现，脱敏疗法对缓解恐惧症有显著效果。在现实中，学生往往难以将自己产生恐惧情绪的原因说清楚，而在网络上，学生可以通过在线沟通的方式用文字将恐惧清楚地描述出来。大学生将恐惧情绪具体化并描述出来后，教师对其进行理性分析，可以在很大程度上缓解学生的恐惧情绪。在网络中，教师会鼓励学生勇敢面对恐惧，并逐渐适应恐惧，从而

摆脱恐惧心理。比如，在面临交往恐惧时，越是恐惧就越要积极与人交往，直至在交际时感到舒适为止。网络中的心理脱敏教师是帮助学生克服恐惧的一大助力。

④奖励和惩罚。通过建立奖惩机制，将预期目标与行为联系在一起，以此来改掉不良习惯并抵制诱惑的方法有助于学生改掉注意力不集中、上课开小差、缺乏学习兴趣等不良习惯。教师要通过奖励和惩罚的方式，促使学生将注意力转移到学习上，通过激励措施促使学生将在网上产生的学习热情转移到实际的学习活动中。

⑤认识。这是一种追求自我认知和寻求正确认识的思考方式。当事人仔细审视自己的观念和信念，评估其与现实的契合程度。如果发现错误，他们应找出错误在何处，导致错误的原因是什么，从而形成新的正确认识，并用这个新的认识替代之前的认识。新的认识可以有效地改善人际关系、实现学习目标、帮助学生应对因不适应环境而产生的压力。这种重新审视问题并进行心灵反思的过程，并非自发产生，而是需要通过指导产生。教师需要迅速地深入分析，引导学生进行自我反思，以帮助他们正确认识问题。

（五）培育新型的大学生心理健康教育工作者

1. 大学生心理健康教育工作者应胜任网络时代的新角色

在网络的影响下，心理健康教育工作者的职责发生了改变，他们不仅仅是知识的传授者，更是高校根据社会需求培养具备自主学习能力和创新能力的学生的引导者。在网络时代开展心理健康教育，教师应当以引导学生为主，而不是对学生进行说教。心理健康教育工作者需要以学生为中心，将心理教育聚焦于学生的心理生活上，使自己成为网络上的心理健康教育引导者。这样才能更有效地达到心理教育的目的。网络化的心理健康教育其实也可以被形象地描述为一场“吸引大学生关注的竞赛”，即以互联网的优势吸引大学生参与心理健康教育。这意味着教师需要同时具备心理教育领域的知识，以及信息技术和网络技术方面的技能。另外，教师还需要具备良好的心理素质和对现代科技的敏锐认识，以及创新意识。

2. 大学生心理健康教育工作者要掌握计算机网络的基本技能

大学生心理健康教育工作者需要掌握基本的计算机网络技能，以便其能够在实践中运用网络技术和软件知识，深入了解和分析现代技术对大学生思想、情感和生活方式的影响，从而更有效地开展心理健康教育工作。如果没有精通计算机网络的心理健康教育者，高校就无法有效推广网络化心理健康教育。因而，高校有必要对心理健康教育工作者进行网络技能培训，使教育工作者能够在心理健康教育过程中熟练使用网络技术，提高心理健康教育的效果。

一方面，通过学习计算机网络技能，心理健康教育者能够更轻松地获得与更新有关的教学资源。互联网上有大量的心理健康知识与教育资料，通过搜索引擎、专业网站等，教育工作者可以迅速地获得自己需要的心理健康教育资源，从而为大学生心理健康教育提供强有力的支撑。

另一方面，心理健康教育工作者也可以借助互联网进行各种形式的教育。比如，设立心理健康教育网站或者网络平台，发布心理健康知识，提供网上咨询与指导，为大学生提供更方便、更个性化的学习渠道。

随着网络技术的不断发展和更新，新的应用和技术不断涌现，教育工作者需要保持敏锐的洞察力和学习能力，及时掌握新的网络技术和方法，从而为心理健康教育提供更加先进和有效的支持。

3. 要把高校学生辅导员纳入心理健康教育工作的体系上来

为保证网络心理健康教育工作顺利开展，高校必须建立一支高效的大学生心理健康教育队伍。但是，目前高校比较缺乏心理健康教育方面的专业人才。针对这一现状，高校需要通过专职、兼职和聘任等方式，建立一支以专职教师为主、兼职教师为辅、稳定性高的心理健康教育工作队伍。同时，高校要建立和完善高校心理健康师资队伍的培养机制，并通过定期的业务进修，使师资队伍的理论素质、业务能力、职业道德素质得到提高。在此基础上，高校要打造一支具有较强专业素养和较强网络技能的心理健康教育队伍，为高校开展网络心理健康教育工作打下良好的基础。

在高校心理健康教育工作网络化进程中，高校学生辅导员可凭借其独特的优势，展现出巨大的潜力与便利性。作为科学育人的重要角色，辅导员的工作对大学生的人生轨迹具有深远的影响。鉴于辅导员普遍具备较高的网络素养，且与学生接触密切，能直接参与学生工作，能够深入了解学生的日常生活和心理状态，因此辅导员在心理辅导工作中具备得天独厚的条件。将高校辅导员纳入心理健康工作队伍之中，是推进高校心理健康教育网络化的重要举措。要使高校心理健康教育真正走上科学化、实用化之路，就必须充分发挥辅导员的教学优势，并不断优化其工作策略。因此，高校必须加强对辅导员的专门训练，以解决目前大学生心理健康教育队伍人才不足的问题。

第二节 网络文化与环境对大学生心理健康的影响

一、网络环境对大学生心理健康教育的影响

互联网中的信息资源庞杂，交互手段多样，已经深入学生的生活中。互联网充实了心理健康教育的内容。同时也为大学生心理健康教育提供了更多的素材。高校教师应积极提高自己的能力，创新教学手段，利用互联网为学生提供更优质的心理健康教育。目前，互联网技术已经被广泛应用于各个领域，尤其是高等教育领域，互联网对心理健康教育起到了积极的促进作用。

（一）网络环境对大学生心理健康教育方式的影响

在传统教育环境中，大学生心理健康教育方式主要是授课、举办讲座与学术报告以及开展心理咨询活动。此类教育方式以书籍为传播媒介，以教师口头讲授为主要手段，这使得心理健康知识难以迅速传播到各地，具有一定的局限性，并且学生只能学到书本中的知识。然而，在当今网络环境下，互联网为大学生心理健康教育提供了多样化的教育方式。教师可以在网络环境下开展心理健康教育、为学生提供网络心理辅导。此外，教师还可以充分利用网络技术手段与网络信息资源，建立心理健康教育网站，为大学生提供更加便捷、高效的心理健康教育服务。众所周知，网络具有交互性特点。在网络环境下，心理咨询师可以和学生实时在线交流。这种突破时空限制、交互性的教育方式，能为那些存在社交障碍或社交恐惧、渴望得到心理辅导的大学生提供心理咨询服务。

（二）网络环境对大学生心理健康教育工作机构的影响

1. 使得教育环境更加复杂

目前，综合性高校成立大学生心理健康教育中心，或者是心理咨询室，隶属

学生工作部（处）或者隶属于德育部门；高等师范院校的大学生心理健康机构多设在教育科学院心理系（所）、心理院（系）。目前我国高校心理健康教育存在着诸多问题，一些大学生心理健康机构既有行政职能，也有道德教育职能，但很少以教学、科研为目的，机构的职能不明确。同时，网络上的信息种类繁多，一些不良站点的出现，给教学带来了困难。为此，高校应该重视大学生的心理健康教育，成立专门的机构，加强大学生心理健康教育。

2. 拓展了大学生心理健康教育中心的职责范围

大学生心理健康教育中心（咨询中心）有从事网络心理健康教育的责任，高校现代教育技术中心有为心理健康教育中心（咨询中心）提供技术服务的责任。这两个机构的职责交叉延伸在网络大学生心理健康教育领域。大学生心理健康教育中心的职责由传统教育环境下的大学生心理健康教育向网络大学生心理健康教育领域延伸。

（三）网络环境对师资队伍信息素质的影响

1. 网络环境对师资队伍信息意识的影响

相对来说，在传统教育环境中，心理健康知识通常呈现出二维特性，主要为静态内容，以文字形式存储于教材之中，再由教师以讲授的方式将教材中的心理健康知识传授给学生。随着网络的兴起，大学生的视野得到了拓展，生活变得更加丰富多彩，他们更倾向于通过网络来学习心理健康知识。网络上的心理健康知识有多重载体，以图片、音频、视频等形式储存于网络媒体中，可以是立体的、动态的。教师既要对文本进行处理，又要利用多媒体技术，把所学的内容变成具有引导功能的多媒体课件。高校教师应具备良好的信息素养、良好的信息协同能力，他们既要具备对国内外先进的心理健康知识进行筛选、咨询、引导和研究的能力，又要主动地引导大学生学习心理健康知识，提高他们的心理健康水平。

2. 网络环境对师资队伍信息知识的影响

网络环境明显地影响了教师团队的信息知识来源。一般来说，大学生心理健康教育信息主要存储于书面教材中，这些教材通常存放在图书馆里，需要学生自己前去获取，并且教师垄断了这些心理健康知识。只要教师具备了相关的知识和技能，就可以从事心理健康教育教学工作。随着信息技术和网络技术在教育领域的广泛应用，大学生可以从网络中得到丰富的心理健康知识，而不再依赖于教师和图书馆。教师需要全面了解与网络有关的知识，把握网络对大学心理健康产生的不利影响。只有具备网络知识、心理健康教育知识，教师才能有效开展网络化的心理健康教育。

3. 网络环境对师资队伍信息能力的影响

网络提高了教师的心理健康教育能力，使其能够更广泛地接触更多心理健康教育知识。心理健康教育已不再局限于封闭的校园环境，其可以在开放的网络环境中进行。在网络环境中，大学生心理健康教育的范围可得到极大拓展，不再受限于传统的教学安排，教师可以在网络上随时随地回答学生的问题。网络为大学生心理健康教育提供了更加多元化、立体化和灵活的内容。网络资源的共享性彻底改变了传统的大学生心理健康教育方式，使原本由教师独家提供的内容，变成了人人可以拥有的内容。

教师需要持续提升自身能力，灵活运用各种教学工具，如 Office、Flash、PS、PPT 等，及时获取和处理相关信息，向学生推荐有益信息，并巧妙利用网络资源促进大学生心理健康成长。教师要积极参与科研活动，并将研究成果纳入大学生心理健康教育学术数据库中。互联网上的信息杂乱无章、质量不稳定，而且还有一些不受控制的有害信息泛滥，所以，现阶段，高校要让教师提高信息道德素质和信息抗性，以更好地提高学生的信息免疫能力。

（四）网络环境对大学生心理健康教育内容的影响

1. 大学生心理健康教育内容的表现形式由平面化走向立体化

在传统教育环境中，大学生心理健康教育内容多是以静态为主，内容也比较平面化。但是，随着互联网的出现，大学生的眼界得以拓宽，人生阅历更加丰富，他们主要通过网络这种新型的交际手段，主动搜寻信息。为此，应该充分发挥互联网的优势，以更有效、更直观的方式对大学生进行心理健康教育。如高校可以构建心理健康教育网站，加强心理健康教育；同时，高校也可以研发心理健康教育应用程序，搭建在线教育平台，使心理健康教育形式更为多样；高校还可以建立心理咨询室，及时给予大学生心理辅导，帮助他们解决成长中的问题。在网络环境下，大学生心理健康教育内容更为直观、形象。利用多媒体网络技术，能够以立体的方式，灵活地展示心理健康教育的内容，实现内容由平面到立体的转变，从而适应当代大学生的学习需要和心理发展需要。

2. 大学生心理健康教育的内容更广泛、更充实

在传统教育环境中，传统教学活动如课堂授课、讲座等，通常只能为大学生提供有限的心理健康教育内容，主要涵盖学习技巧、道德观念、生涯规划等方面的指导。而网络提供的心理健康教育内容繁多且覆盖面广，涉及人成长过程中可能遇到的各种心理困扰，也涉及大学生活相关的所有方面。

3. 大学生心理健康教育内容的载体更高级

在传统教育环境中，大学生心理健康教育内容主要存储于教材和教参等书籍中、教师的讲义和学生的笔记中。在互联网环境下，大学生心理健康教育内容主要存储于多媒体课件、心理健康教育网站、论坛等先进技术媒体中，可以以文字、图片、音频、视频等形式展现。

4. 大学生心理健康知识的学习方式更为便利、快捷

在网络环境中，大学生可以更便捷地学习心理健康知识，他们不再只能从图书馆中获取资料，而是可以从电子图书、期刊数据库中查找资料。这意味着大学生可以轻松快速地接触到来自全国各大学、研究机构甚至全球的丰富心理学知识。互联网为大学生提供了更广泛的信息获取途径，提高了他们的知识储备量。互联网融合了广播、电视、报纸的媒体形式，可以快速传播信息。另外，大学生可以利用网络搜索引擎快速查找心理健康教育信息，快速获取最新消息，进而扩展知识面。这样可以使大学生独立自主地探索丰富的知识和信息资源，从中获取实用的知识，增强自身能力，开阔视野，培养创新思维。然而，利用互联网进行知识获取虽然方便快捷，但也有可能让学生对网络过度依赖，或者让没有明确学习目标的学生迷失在网络空间中。

5. 网络环境要求改变大学生心理健康知识的学习方式

随着网络环境不断演变，大学生获取心理健康知识的方式也发生了变化，从被动转变为主动。

第一，创造性的学习方式。大学生在网络环境中学习心理健康知识时，要摒弃传统的学习方式，创造性地学习。在创造性学习的过程中，迅速且有效地筛选

和检索必要的信息至关重要。同时，将心理健康知识创造性地应用于实践也是不容忽视的。计算机在存储和检索信息方面表现出色，但在创造新事物方面，人类大脑具有不可替代的优势。因此大学生应将自身智力与网络技术进行整合，进行创新性学习。

第二，自主学习方式。在网络环境中，大学生应该改变学习态度，把学习变成一个主动、独立、提升的过程。

第三，个性化的学习方式。人类发展的一个重要特征是个体的个性化发展。个体发展取决于个性化的学习方式。个性化学习方式是确保学生得到充分发展的学习方式，这种学习方式要求大学生根据自身实际情况和实际需求制订学习计划。传统的学习模式通常过于刻板，无法顾及学生的个性化需求。在网络环境中，每个学生都可以根据自己的需求使用个性化的学习方式，同时也可以获得更多学习资料。

第四，利用技术来学习。在数字化时代，学生可以采取多样化的学习方式。这些学习方式不仅打破了传统学习方式的局限性，使学习变得更加自由，同时也为学生学习必备生存技能提供了便利。学生利用技术支持，可以享受到丰富的学术资源，并在多元化的学习环境中获得成长。

（五）网络环境对大学生心理健康教育课程教学的影响

1. 大学生心理健康教育课程的教学方式有所变革

借助先进的多媒体技术及虚拟现实技术，教师可以显著改善心理健康教育的形象展示与信息传递的时效性。网络心理健康教育因其形象生动、声情并茂、感染力强等显著优势而备受瞩目。借助虚拟现实技术，教师在形象生动、直观明晰的教学过程中，可巧妙地融入海量学习材料，同时穿插一些健康的娱乐元素，为学生构建一个清晰鲜明的教学情境。在这种轻松愉悦的学习环境中，学生能够自由地浏览自己所需的心理健康知识。这种教学方式能有效激发学生的学习主动性，促进学生的自主学习，从而能极大地提升教育工作的效率，获得传统教学方式难以企及的教学效果。因此，必须对心理健康教育的教学方式进行深化改革，积极将现代化的科学技术融入课堂教学之中，以推动教育教学的创新发展。

2. 大学生心理健康教育课堂教学更自由

互联网的出现，使心理健康教育不再受时空限制。现在的大学生再也不需要按时到指定的教室上课了。只要有电子设备，他们就能随时随地接受心理健康教育，甚至可以主动搜寻名师课程。网络使大学生心理健康教育的覆盖面得到了极大的扩展。

3. 大学生心理健康教育课堂教学的信息量大量增加

在传统的心理健康教育中，教师主要依靠书本或者课堂上的讲解来进行知识的传授，但是这样的方法所包含的信息非常有限，很难满足学生对心理健康知识的渴望。网络的广泛使用，大大增加了心理健康教育课的信息量。互联网的出现，为心理健康教育课提供了一个新的契机。利用互联网，教师能够轻松地获得各种类型的研究文献、案例分析等心理健康教育材料。这些资料不但可以让教师有更宽广的教学视野，也可以让学生有更多的选择。学生可依据自身的兴趣与需要，自行选取适当的课程，以增进对心理健康的了解。

（六）网络环境对大学生心理健康维护方法的影响

1. 大学生心理健康的维护方法由被动培养变成主动建立

在传统的教育背景下，维护大学生心理健康工作，除了依靠学校教育，社会关怀、专业心理辅导、专业心理咨询也是必不可少的。在这当中，学校心理健康教育和心理咨询师提供的专业心理咨询服务是最主要的。由于各种原因，学生在传统教育背景下所能获得的心理健康维护知识十分有限，而且他们经常处于被动的状态，难以高效培养心理健康维护方法。随着网络技术的兴起与发展，网络环境为大学生创造了自主维护心理健康的有利条件，大学生可以在网络上学习更多心理健康知识、浏览更多心理咨询案例、进行免费的心理测试等。通过主动学习与查询，学生可以更加全面地了解和掌握心理健康维护的相关知识与技能。此外，大学生更愿意通过网络心理测试来判断自身的心理健康状况。因此，网络环境使得大学生由被动培养心理健康维护方法向主动建构心理健康维护方法转变，从而提升了他们的心理健康维护能力。

然而，网络无疑是人类历史上最为庞大的信息存储库，同时也是一个繁杂的信息集合体，包含了新闻、娱乐、体育、财经等多元化的信息内容，亦不乏暴力信息、虚假信息、垃圾信息，各类有益或有害信息交织混杂，共同构成了网络这一信息传播平台。虽然网络有助于大学生维护心理健康，但其也存在潜在的负面影响。网络的滥用易导致诸如网络成瘾、网络暴力等错误的心理建构产生，会对大学生的身心健康构成威胁。大学生上网成瘾，除了会产生视力下降、失眠多梦、食欲不振等生理症状，还会对其正常学习、生活和人际交往造成影响，严重时还会使其人格失常，甚至会走上网络违法的道路。所以，在面对网络的双重属性时，要对大学生进行有效引导，以减弱其所受的负面影响。

2. 大学生心理健康维护方法、培养方式由说教转变成行动指导

传统的心理健康教育主要通过课堂讲授、讲座等说教方法来培养大学生的心理健康维护能力，教师主要以说教的方式教会学生如何应对自己的心理问题。但是，这种方法很难对学生的后续维护进行有效监控。相比之下，网络环境中的各种技术不但可以为大学生提供达到心理健康状态的方法，而且可以促使大学生主动地采取措施来维护自己的心理健康状态。比如，通过 QQ、微信等互动工具，学生能够实时地与别人沟通，从而有效地减轻或消除交际焦虑，强化交际技巧。同时，学生还可以在网上收集自己所关心的心理学方面的知识，并把自己的思考过程写下来，以此来训练自己的语言表达能力。在这一过程中，教育者的角色发生了转变。他们不再仅仅承担说教的职责，而是需要指导学生如何运用网络工具，帮助他们获得心理健康自主维护技能。这种转变不仅符合现代教育的发展趋势，更能有效提升学生的心理健康水平。

二、网络文化对大学生心理健康的影响

（一）网络文化的含义和特征

20 世纪，科学与民主的范式，曾铭刻在工业新文化运动的里程碑上；21 世纪，知识与自由的新范式，将飘扬在信息文明的新旗帜上。也就是说，“互联网不仅是新技术、新经济，还是新文化。”[①] 网络信息技术的发展，给文化的发展创造了新的载体。

网络不仅是一种技术，它更把全世界、全人类联系起来，是人类文化的一种存在形式。随着网络信息传播速度日益加快，网络文化活动蓬勃兴起，全球文化

① 鲍宗豪．网络文化概论 [M]. 上海：上海人民出版社，2003：1.

开始发生碰撞，并不断融合，这为网络文化的形成创造了契机，推动了网络文化领域的持续繁荣与进步。

德国技术哲学家拉普说过："技术是复杂的现象，它既是自然力的利用，同时又是一种社会文化过程。"[①]可见，技术具备文化的属性和功能。因而网络信息技术的发展使社会经济、文化经历着一场深刻的变革，网络为人类创造了新的文化载体，网络促进了全球的跨文化传播，网络文化语言丰富了网络文化世界。

文化是人类所创造的一切物质和精神成果的总称。以网络技术为载体的网络文化是一种亚文化，又是一种时兴文化。它以独特的文化表达形态，以人类最新的科技成果——互联网为载体，依托现代发达而又迅捷的信息传输系统，运用一定的工具和符号来传达思想、文化和风俗民情，并表达了人们的看法、观点，宣泄了人们的情绪，构建了一种崭新的思想与文化表达形式，成为现今时代一条独特而又美丽的文化风景线。网络文化是一种蕴涵特殊内容和表现手段的文化形式，是人们在社会活动中依赖于网络信息技术及网络资源为支点而创造的物质财富和精神财富的总和。它是一种不分国界、不分地域的全球性信息资源的开发与共享的文化。因此，网络文化是一种由信息技术和网络技术形成的全新的社会基础结构带来的人类生产方式、生活方式、工作方式等各方面的变革，进而引起思维方式和观念变革的文化方式。"网络文化是由主体、客体、中介及其价值四个要素组成的，并通过该要素把人、自然、社会和历史组成一个有机整体的网络系统。"[②]网络文化的主体是指掌握一定网络技术的网民；网络文化的客体是指网民在开展网上文化活动的指向，包括自然界、人和社会等；网络文化的中介是指构成网络的硬件、软件以及通过网络而形成的人们新的价值观和生活方式及其对网络主体的物质、精神等方面需求的满足。

综上所述，网络文化是网络发展到一定时期的必然产物，是技术与文化的完美结合。计算机作为承载网络文化的媒介，其存在具有多重意义。从科学角度来看，计算机是一种先进的技术工具；从社会交往层面来看，它则是一种高效的沟通桥梁；而从人类文明发展的视角来看，计算机的深层次价值更在于其能促进文化的传播、交流。

---

① [德]拉普.技术哲学导论[M].刘武，译.沈阳：辽宁科学技术出版社，1986：57-58.

② 黄文玲，李锐锋.网络文化的价值特性及其发展路径[J].华中农业大学学报（社会科学版），2005（2）：73-76.

众所周知，网络文化是人类20世纪的创造物，是互联网与文化相结合的现象，是科技与文化创新的产物，它集中地体现着文化的内容、表现形式和传播手段等全方位的信息。作为一种特殊的文化形式，网络文化除具有文化的一般特征外，还具有自身的文化特征。

第一，网络文化具有开放性与虚拟性。网络文化的开放性是由互联网本身的开放性所决定的。随着信息技术的发展日益完善，互联网的开放性特点被挖掘出来。个人、组织或者团体只要上网，就可以不分国家、民族、地区、城乡，以平等的身份、时空压缩的方式高速、快捷地获取各国、各民族的文化信息。网络信息技术的发展，使全球的网络文化打破了地域和时空的限制，尤其是基于国际互联网的建立，各国纷纷建立“信息高速公路”，使人类居住的地方正在成为一个“小村庄”。QQ等社交软件成为人们交流和互动的重要渠道，任何人都可以在网上畅所欲言，发挥创意，这使网络文化体现出惊人的传播力量，同时可以使人们借助网络交流、传播和分享对人类有益的文化成果。然而由于网络具备开放性，人们在利用网络时，也容易造成个人信息的外泄。另外，网络文化的开放性也导致了网络文化的庸俗化，有些网站为了吸引“眼球经济”，竟然通过传播假消息、庸俗化的内容来获得点击率。

互联网是文化的载体，网络空间是人们通过虚拟技术来实现的“虚拟实在”，包括对实际存在事物的数字化虚拟、对现实超越性的虚拟、对现实背景的虚拟。这种虚拟实际上是对人们已获取知识和信息的再现，它不仅能描摹出现实世界，而且能创造出现实生活中所没有的虚拟世界。在虚拟世界中，人们能够突破时间和空间的物理界限，充分体验并享受虚拟生活所带来的各种乐趣。需要明确的是，虚拟世界建立在现实世界的基础之上，是现实世界的特殊存在方式。在广阔的网络天地里，个体不再受民族、国籍、信仰等外在因素的限制，能够自由地进行沟通与互动。人们可以随心所欲地在网络世界畅游，与不同的人交流，而相互交流的双方往往对彼此在现实社会中的真实身份一无所知。这种虚拟性的文化氛围在网络文化中已然成为常态。

因此网络文化的虚拟性一方面为人类提供了崭新的生存与活动空间，为大众提供了宣泄的场所、进行自己所向往的角色扮演的机会；另一方面让人们可以对自己的行为负更少的责任，会诱使人们尤其是大学生走入文化的歧途。西奥多·

罗斯扎克（Theodre Roszak）提出："人们在虚拟的世界里，把现实的可能性与非现实的可能性都融于互联网，热衷于在闪烁的屏幕前进行遐想的毁灭，让自己的闲暇充满好战尚武之举的电子游戏迷，早已将正义感和道德规范置之度外。"[①] 他的话告诉人们，过度沉溺于虚拟环境，混淆虚拟世界和现实世界，会使人思想错位、行为规范失范，丧失人类本应有的人性、亲情、友情和社会责任感，这将对社会的发展、国家的发展和民族的发展带来威胁。

第二，网络文化具有平等性与及时性。在网络文化中，人们之间的地位是平等的。每个人都是平等关系，现实社会中的等级、权威、身份、特权等因素都不复存在。尽管在某些领域也存在不平等，如BBS版主具有删改等权力，但这些与现实社会中的不平等关系不能相提并论，至少它并非先天存在，而是与个人后天努力有关。网络文化的平等性对于实现网络自由与民主起着基础性的关键作用。它意味着公平、理解，意味着对权威的消解，也意味着开放、创新机制的保障。当前我国的民众已经开始利用网络文化的这一平等性特征维护自己的权益。民众通过网络文化这一途径使一些贪官和不法分子的行径暴露，为国家、社会的稳定和发展提供了一条崭新的监督渠道。

互联网的出现使信息的发布和传播速度越来越快，几乎是一瞬间就能到达世界的每一个角落。互联网使信息传播打破了国界限制，让人们不需要离开自己的国家，就能跨越国界，进行实时的信息分享和交换。中国古代诗文说的"秀才不出门，可知天下事"的格言如今成为事实。网络交流方式越来越多样化，如微信、QQ、微博、抖音、快手等软件，皆具备极高的便捷性。网络文化传播方式可以对各种类型的信息进行实时、大范围的传播，极大地提高了人们对虚拟世界的参与度。与此同时，网络文化中包含着大量的信息，其自身的知识结构也在不断地更新。特别是大学生群体，作为掌握高科技、拥有新知识技能的主力军，其成长步伐与网络文化的发展节奏最为契合。这为大学生进行文化反哺创造了极为有利的条件。

第三，网络文化具有垄断性与交互性特征。在传统的文化传播模式中，除了面对面的人际交流，其余传播方式，如报纸、电视等媒体传播方式，均在特定的

① [美]西奥多·罗斯扎克．信息崇拜：计算机神话与真正的思维艺术[M]．苗华健，陈体仁，译．北京：中国对外翻译出版公司，1994：108.

时空维度内呈现为单向性传播，即信息自发源地流向各接受地，形成“点到面”的单向传播模式。这种传播模式使受众与传播者处于不平等的地位。但是，网络文化的交互性使其与其他传播方式有了本质区别。在网络文化中，传播者和受众之间的交流是双向的、交互的。一旦传播者在网上发布了信息，接收者就可以立刻作出反应，根据自己的想法对信息进行修改和加工，并将其反馈给原传播者。这种交互性的传播模式，打破了传统的信息单向传递的局面，形成了多样化的交互模式，给人类带来了全新的交流体验。互动的中心是“参与”，每一个网络参与者都可以在互联网平台上发布信息，分享自己的观点与看法；并且可以随时随地发表评论，交互性影响着人们的思想与价值观。

网络文化的垄断性特征会产生一些不可忽视的消极影响。首先，网络控制着信息传播的渠道和文化传播内容，并且是少数人对整个人类文化传播的控制；其次，文化的多样性是网络文化生存和发展的生态环境，但网络的垄断势必会对文化生态环境造成一定的破坏，并对文化的多样性产生一定的影响。在互联网时代，个体的社会关系和依存关系并没有削弱，反而变得越来越密切，它只是以个体化的形式表现出来。互联网的垄断性造成了千篇一律的社会文化生态，使文化生产出现“同质化”，从而严重地破坏了文化的多样性。60 多年前，赫伯特·马尔库塞（Herbert Marcuse）愤愤指责“发达工业社会”“以其单向度的产品制造了单向度的人”[①]。因此，网络文化的垄断性也同样会制造出单向度的人。

（二）网络文化对大学生心理健康的影响机制

近年来，作为时代“弄潮儿”的大学生由于好奇心强、接受新事物的速度快，其“触网”的程度也越来越深。我们发现网络文化对有较高文化层次的一部分大学生的学习、生活、心理健康等各方面带来了一定的负面影响，严重的不仅加剧了家庭矛盾，还威胁到大学生的身心健康和生命安全。随着网络文化在大学生现实生活中扮演着越来越重要的角色，它不仅给大学生的生活带来了重要的变化，也给其生活带来了深刻的影响。这种影响表现在对大学生的认知、行为、情绪情感和自我意识等方面。

第一，网络文化对大学生认知过程的影响。网络文化信息量大、内容丰富、

① 王世明．技术·网络文化·文化变迁[J]．情报杂志，2004（4）：96-98.

更新速度快，这使大学生面对众多信息时不知如何明辨是非，如何检索到自己所需要的内容。因而在检索信息时，大学生的思维要清晰，理想、信念、价值观要坚定；否则，大学生在面对鱼龙混杂的网络信息时，就会使自己的时间感、空间感、现实的知觉和自我感觉发生变化，从而形成新的世界观、人生观和价值观。特别是在当代，网络文化仍然以美国为首的发达国家占据主导地位。由于社会制度的不同，以及历史、文化、经济发展程度的差异，不同的国家有不同的主流意识形态，也有不同的价值观。

第二，网络文化对大学生情绪、情感和自我意识的影响。网络文化不仅能影响大学生的认知过程，同样也对大学生的情绪、情感和自我意识有影响作用。首先，网络使用可能给大学生的情绪与情感过程带来消极影响。由于网络文化具有匿名性的特点，它可能会影响大学生的人格倾向性。因为匿名的网络文化环境可以给那些性格内向、比较腼腆的人一个安全讨论和聊天交友的平台，使他们的情感得到释放，从而增加他们在虚拟生活中的人际交往圈，并相应地降低他们在情感上的孤独感；然而，过分迷恋网络的这种情感寄托，可能会降低大学生在现实生活中的人际交往能力，久而久之，可能会导致大学生产生心理疾病。

第三，网络文化对大学生行为过程的影响。尤其是现在独生子女的家庭较多，独生子女成长的环境让他们难以与同龄人交往，缺乏情感交流的他们就很容易沉溺于网络以寻找可以归附的群体。而大学生长期沉溺于网络可能会出现“因特网综合征”，其症状具体表现为个体每天都沉浸在网络世界，且难以自主控制自己的此种行为，久而久之出现与吸毒成瘾类似的症状，诸如头晕、眼花等。心理学家经过深入分析指出，过度沉迷于网络会对个体的身心健康造成严重损害，且若情况严重，甚至可能使个体产生心理变态等严重问题。其危害程度，丝毫不亚于酗酒或吸毒等不良行为。

（三）网络文化对大学生心理健康的积极影响

网络文化以其特有的形式和丰富的内容，给大学生创造了崭新的生活情境和交流模式，这种新的文化形式会对他们的心理健康产生潜移默化的影响，让他们在不知不觉中逐步形成个性化的精神面貌。

网络文化对大学生心理健康的积极影响表现在如下 4 个方面。

1. 有利于促进大学生的个性发展，增强自信心

网络文化所具有的开放、平等的特性，为大学生团体创造了一个展示自己人格魅力的广阔空间，使他们能够在虚拟的网络空间，尽情地释放自己。他们可以在微信群、抖音评论区、微博论坛等不同的交流平台，自由地发表自己的想法。一些学生还设计了个人主页，与来访者进行深度交流及个性展示。鉴于网络文化的广泛传播，大学生无须借助书籍就能获得对世界和社会的新的认识，相比报刊、图书等媒体，网络文化为大学生减少了开支，节约了时间，使他们在追求知识的过程中所付出的精力、资金更少，这一优势使其显著超越了其他教育媒体。个性，作为个体的独特标识，是情感、意志、气质、兴趣、能力等多方面特质的综合展现。在网络空间中，大学生可依照自身的优势，探寻与自身个性及才能发展相契合的领域。在开放的、平等的环境下，大学生可以充分展示自己的个性，让自己的思维与感情得到充分释放。这样一个开放的网络环境，给了大学生一个广阔的舞台，使他们的各方面能力得到了充分发展。

受传统思想影响，很多人在遇到心理问题时不愿意寻求外部帮助，也不想与亲人沟通，他们找不到宣泄的出口。人们的这种回避心态使其存在的心理问题得不到及时疏导，从而给个人的身心健康带来了负面的影响。但是虚拟的互联网给大学生提供了一种快速宣泄负面情绪的方式，他们能从网上得到心理辅导。在网络聊天平台，大学生可以毫无顾虑地倾吐自己心中的忧虑，把积压已久的负面情绪全部发泄出来，这对缓解他们的心理压力是很有帮助的。网络不仅能保护个体的隐私，而且能满足其求助心理的需要，对促进高校学生的心理健康有着十分重要的作用。可见，大学生通过网络可以展示自己多方面的能力，增强其自信心，促进其个性的发展和人格的完善。

2. 有利于开拓大学生的视野，培养其创新意识

网络文化以其独特的传播优势，使大学生拥有比课堂更广阔的知识空间，并有效地拓宽了大学生的眼界，充实了他们的知识系统。通过互联网，大学生可以获得来自课本以外的知识。网络文化的开放性，使大学生可以在任何时间、任何地点通过互联网获得知识和资源，这给大学生带来了新的知识获取方式，也让他们的知识储备得到了进一步的充实。

联网构筑了一个超越时空和空间的“虚拟”空间，由此产生了“地球村”。

对当代大学生来说，网络文化的共享特性使得文化这种“无形资产”具有很强的传播性，它能够在全球范围内快速传播，从而达到“文化增值”的目的。这既是对文化的一种肯定，也是一种激励，能使大学生产生创新知识和探索未知的念头。如现在的网络歌曲、网络文学、一些科技革新技术等通过网络一夜之间传遍大江南北。大学生从网络这一途径中能找到新的创新途径，这能为他们新思想、新观点、新技术的出现提供良好的技术条件，使大学生逐渐摆脱过去那种对知识权威的从众心理，有利于他们创造性的发挥。近几年来，在全国举行的大学生科技竞赛中，大学生都展现了很好的战果，有的大学生在国际上取得了优异的成绩，这些成绩的取得与网络文化的发展是分不开的。同时，网络文化的高科技特点使大学生进一步意识到脑力劳动和创造性劳动的重要性，意识到创造性劳动给国家、社会带来的成果是其他任何东西所无法比拟的。因此，网络文化有利于大学生增强创新能力的自觉性和主动性。

3. 有利于拓展大学生的人际交流

随着网络的发展，人们彼此之间的交流变得越来越多样化和快捷化。网络突破了国家、地域、民族等因素的限制，它使人际交往具备了多样性。人们可以根据自己的价值观、知识观等一系列个人因素和社会因素来选择朋友、选择机会，并通过网络和别人进行多方面、多层次的交流，以满足自我发展和实现自我价值的需要，这就扩大了其个人的交往范围。弗朗西斯·福山（Francis Fukuyama）曾说过：“互联网代表了一种具有潜能的技术，它将自愿的社会联系推向了新的从未梦想到的高度；人们可根据任何一种共同的兴趣在全球范围内选择与人的交往。”[①] 因此，网络文化的时空性、全球性给大学生提供了更宽更广的人际交流面，使他们具有了更多可选择的交往对象。

网络改变了传统的一对一的交流模式，它使交流方式更直接，实现了双向互动或多向互动。由于没有任何限制，人们在交流中显得更加轻松。尤其是网络文化彻底改变了以往的基于血缘、地缘、业缘关系等狭隘的人际交往方式，突破了基于权力、职业、利益和地位的狭隘的人际交往圈。在网络世界里，大家都可以对自己感兴趣的话题平等地用符号来进行对话和交流，这使得人际交往更加快捷。

① [美] 弗朗西斯·福山 . 大分裂：人类本性与社会秩序的重建 [M]. 刘榜离，王胜利，译 . 北京：中国社会科学出版社，2002：53.

无论在哪里自己，传输的信息都能迅速地到达对方，相比传统的书信交往方式，网络给人们带来了新的感受。网络给大学生交往提供了一个平等、便捷的交往空间，使大学生在这种人际交流中传递了社会、自我的信息，从而充实了大学生的世界观和人生观。

现在网络上交流的方式非常多，有QQ、MSN、BBS、博客、微博、视频和邮件等方式。可见，大学生可通过网络交往大胆地吐露自己的心声，从而表现真实的自我。因为在现实生活中，人们往往掩饰人性深处的多元性和复杂性；在虚拟的世界里，人们可以释放人性中真实的自我。因此越来越多的大学生在网络空间里给别人提供一些问题的解答和指导性的建议，同时他们通过这种方式对在现实生活中无法触及的话题进行咨询和交流，这一方面为他人提供了帮助，另一方面丰富了自己的内心世界。同时，对于学习任务繁重的大学生，当不知道如何与人面对面进行情感交流时，他们可以通过网络与别人进行人际交流沟通。这样的交流沟通方式体现了大学生的主体意识，有利于他们人际交流的扩大和开放性性格的形成，从而可帮助他们更好地适应社会。

4. 有利于增强大学生参与社会的能力

随着社会的发展，任何人与社会的联系都变得越来越紧密，没有能够脱离社会发展的人。马克思说过："人的本质不是单个人所固有的抽象物，在其现实性上，它是一切社会关系的总和"，而"社会生活在本质上是实践的"。[①] 可见，无论身处社会中的人，还是身处校园里的大学生，都要在不断学习中进行实践，这样才能不断地提高自己的综合能力。从现实中可以发现，由于很多大学生没有意识到要培养自己的实践能力，使得知识和实践脱节，结果在就业的过程中，他们遇到了很多挫折，很难在社会中找到自己的立足之地。因此，大学生虽然身处校园，但为了大学毕业后能够顺利地融入社会，他们就必须学会在生活中担负起一定的社会角色，培养自己参与社会的能力。在现实的大学校园生活中，大部分大学生的角色还是非常单一的；但毕业后，他们就需要迅速地转化为复杂的社会角色，这往往使很多大学生毕业后短时间内无法适应。因此，作为当代大学生，他们有责任也有必要强化角色学习和角色整合，在多样化的角色实践活动中逐步接

① 马克思恩格斯选集：第一卷 [M]. 中共中央编译局，编译. 北京：人民出版社，1995：56.

触并尝试扮演各种社会角色，以积极锻炼自己的社会适应性，形成自己独特的角色风格和行为模式，进而确保自己在未来的生活中能够出色地完成各种任务。

网络给当代大学生提供了角色实践的平台。互联网的出现给世界政治、经济、科技、文化等方面带来了巨大的影响，也对人们的生活方式、生产方式、交往方式、认知方式等带来了巨大的冲击。一方面网络文化拓展了大学生社会化领域。网络信息技术的发展，使世界逐渐缩小；由于网络无国界，它把大学生带进世界各地的大学、图书馆、博物馆等场所，使他们能够跨越时空阅读和浏览全世界人类优秀的文化知识、领先的科学技术成果和全新的知识和理念。这使大学生在一个更加广阔的环境中学习知识、培养生活技能，从而丰富了其受教育的内容，有利于其提高自身的综合素质，顺利地参与社会生活。由于网络文化具备虚拟性，大学生在网络生活中可隐藏自己的身份和角色，因而他们可以通过网络游戏、电子公告牌、电子邮件等方式，扮演自己想扮演的角色，在角色扮演中去体会角色的需求和情感，熟悉社会和群体的规范，提高把握各种角色的尺度能力和社会适应能力，从而使自己更好地适应社会和群体。同时，网络文化丰富了大学生的社会化方式。现代社会的信息都可以通过网络传播，因而大学生更容易获取自己所需的各种信息。大学生通过网络参加各种各样的比赛，参与社会事务，这些都体现了大学生参与社会生活的积极性。此外，网络文化有利于大学生社会角色的塑造。大学生是在人与社会的交互作用过程中实现社会化的。在这一过程中，大学生要根据自己的需要、特点和兴趣有意识地学习社会规范与知识技能，并自觉加以内化，从而形成各具特色的社会角色。大学生在实现社会化的过程中如果遇到各种困难，他们可以利用网络宣泄感情，这能促进其个性发展和心理健康。此外，大学生还可以在网上寻找到专业的援助，这有利于大学生自我角色的完善。总之，网络创造的这种互动环境，有利于大学生建立新型的社会关系，拓展社会化范围；有助于大学生掌握更多的现代科学文化知识，顺利参与社会生活；有利于大学生培养胜任多种社会角色的能力，在现实生活中成功实现角色扮演。

（四）网络文化对大学生心理健康的消极影响

网络文化是把双刃剑，它不但能给大学生心理健康带来积极影响，也会给大学生心理健康带来消极影响。其消极影响具体表现在以下 4 个方面。

1. 导致大学生价值取向紊乱

网络文化的发展正如阿尔文·托夫勒（Alvin Toffler）在《权力的转移》中曾强调的："世界已经离开了暴力与金钱控制的时代，而未来世界政治的魔方将控制在拥有信息强权人的手里，他们会使用手中掌握的网络控制权、信息发布权，利用英语这种强大的文化语言优势，达到暴力、金钱无法征服的目的。"① 大学阶段是大学生树立正确的观念的关键阶段。由于大学生的好奇心很强、求知欲旺盛、对新事物的接受能力强，他们更愿意接受那些图文并茂、形象生动、隐性且具有欺骗性的文化。网络文化的公开性、平等性、互动性，与当代大学生追求民主、自由、平等的价值理念相吻合，因而其受到了广大大学生的欢迎。但是网络文化又是一种多元文化，对一个问题有多种观念，这就可能导致大学生在思想上迷茫、困惑，可能会造成大学生原有稳定的传统文化的分裂和趋异，破坏他们已经积淀到心理层次的思想、价值观和文化，突显大学生进行正确的政治信仰、道德标准和价值观念选择的复杂性，导致他们的价值冲突更加直接、剧烈，价值取向更加多元，价值选择更加困难。大学时期是大学生世界观、人生观和价值观确立的关键时期，那些腐朽的、落后的、消极的网络文化极易动摇和破坏大学生经过先前教育刚刚形成的价值观念，从而使得他们对传统文化观念和已有的价值观产生动摇，久而久之就会对大学生的"三观"产生潜移默化的影响。另外，我国社会正处于建立社会主义市场经济体制和社会转型时期，现实社会思想文化的多元性和价值的多元化取向必然会反映到网络社会中来。大学生经常接触网络，很容易受到这种价值多元化的影响，极端个人主义、功利主义、利己主义等错误思潮直接或间接地影响着大学生的思想和行为。

2. 造成人文精神的淡化

在网络世界里，人与人之间靠数字来传递信息和交流，大家接触的都是数字化的环境，这样会使人丧失本性，背离人的本质。网络文化的迅速发展，使"机器"成为人的主宰。人们在改造自然界的同时有可能对自身力量产生怀疑，由此导致人文精神产生危机。

现代社会到处都充斥着数字，连人都要被数字化，尤其是随着科学技术的发

① [美]阿尔文·托夫勒.权力的转移[M].吴迎春，等，译.北京：中信出版社，2006：105.

展，网络有可能导致大学生人文精神的淡化。网络文化是一种“快餐文化”，是以消遣、娱乐为主要特征的直接化、形象化的一种文化，因而其广受大学生的喜欢。然而，这种“快餐文化”所营造的平面化、标准化将会影响传统文化的深度及厚度，一方面使大学生的审美能力发生变化，呈现出低俗化、感性化的趋向。例如，现在很多大学生由于经常使用计算机，其写字的能力下降，传统书法越来越被人淡忘。另一方面在一定程度上影响了大学生的思维能力和创新能力的提高。在思维发展的关键时期，大学生如果沉溺网络，就会对网络产生情感依赖的思想，在一定程度上会影响其主动概括能力和抽象能力，从而弱化大学生的理性分析能力。美国学者丹尼尔·布尔斯廷（Daniel Boorstin）也认为：“网络正在削弱我们的思考力，汽车使人类体能弱化，网络使人的智能弱化，长此以往，人类可能会被网络变成弱智儿。”① 所有这些都不得不引起我们的深思。

大学生的健康成长是涉及身体、心理、精神等多方面和谐发展的过程，而网络世界摆脱了对自然规律的依赖，对现存世界实现了最大限度的扩充、取代。网络文化提供的大量信息使大学生缩短了获得有关知识、技能的过程，更加迷恋网络。在这种文化的长期影响下，大学生会变得越来越世俗化，其价值观趋于平面化，其精神会被逐步消解与淡化。

3. 造成大学生道德人格的缺失

高校教育不仅要教会学生知识，更重要的是要教会学生做人，形成良好的道德素质。大学生的年龄和成长特点说明大学生的自律意识相对较差，需要社会、学校、家庭的监督。在网络社会，中国传统社会是“熟人社会”。在这个“熟人社会”里，由于受社会舆论和传统习俗的制约以及“熟人”的监督，大学生的道德意识较为强烈，其道德行为也相对谨慎。然而在网络社会里，网络文化对大学生道德观念的冲击趋于个性化和多样化。网络文化的虚拟性、匿名性的特点会使由熟人的目光、舆论、情感等组成的道德防线很容易崩溃，它给大学生提供了极大的自由度，使他们的个性得到极大的张扬，同时也暴露了大学生的人格缺点。有的大学生在现实生活中老实、正直、有责任心，是别人心目中的好人，但却会在网络

① 转引自栗志，曾觉吾．网络化对大学生心理健康的负面影响及对策分析 [J]. 沈阳工程学院学报（社会科学版），2007（3）：470–472.

上为了得到在现实生活中得不到的东西而不择手段、尽情欢娱、肆意发泄，忘记了自己真正的社会角色、社会地位和社会责任，放松了自我的道德约束，甚至冲破了道德底线。正是因为这些问题的存在，目前大学生面临一个重要的问题——诚信危机。这不仅会影响大学生正常的学习和生活，而且对大学生的就业以及将来走上工作岗位都有很重要的影响。

4. 导致大学生“网络成瘾”

在虚拟的网络空间中，以计算机为中介的“人—机—人”的网上交流模式易使大学生获得满足感、认同感和归属感，从而使其在一种虚拟的情感中自我陶醉。这使一部分大学生容易坠入“网瘾”的深渊而不能自拔，最终影响其学习，甚至留级、休学，直到被开除。

“寒窗苦读二十载，一朝却被网络害”是许多因沉溺于网络而葬送自己前途的大学生的真实写照。当然，大学生沉溺于网络的原因是多方面的。一方面，中国传统的教育方式大多是采取“填鸭式”的教学，因而大学生在上大学前，他们没有自主的学习方式；进入大学后，他们有了学习的自主权，但是其由于没有人监督以及早已养成的学习习惯，在大学生活中很容易就失去了求知的方向感。有的大学生觉得上课无味，因而逃课、沉溺于网络。另一方面，大学生正处于长知识、长身体的时候，他们精力旺盛、好奇心强，接受新事物快，与人交往的意识强烈，这一特点决定了大学生敢于挑战、敢于冒险、希望了解社会和融入社会，以及在社会中获得成功，赢得别人的尊重。因此，开放、虚拟的网络给大学生提供了一个展示自我的舞台。其中一些大学生沉溺于网络游戏、网络小说等活动，这让他们得到了在现实生活中所得不到的满足和尊重，久而久之使他们对网络的依赖性加强，使他们越来越离不开网络。同时，根据对当前大学生群体的观察与分析，笔者注意到他们中大部分是独生子女。这部分学生比较独立、重视个性表达，并且太过自我，缺乏完善的沟通技巧和方式。于是，一些大学生沉溺于网络游戏，热衷于在网上聊天交友。这一现象不但影响了大学生的学习进程，而且使大学生的“自我封闭”状况进一步加剧，使大学生逐步展示出一种“疏离感”。他们的交际能力逐渐下降，人际关系也将趋于淡漠。人际关系的疏离易导致大学生产生消极情感。而长时间处于虚拟环境中的他们，极易产生警惕、缺乏信任、过度防范等心理，久而久之，这部分群体的精神疾病发病风险将会提高。

第三节　网络文化视角下大学生心理健康教育路径

一、网络场域下大学生心理健康教育开展方法

（一）整合网络场域资源

1. 现实和虚幻资源的区别对待

网络场域是幻想的空间，是基于现实场景衍生的虚幻世界。想要将有限资源掌握在实际层面，就要采取合理措施来控制虚幻世界，多多融入客观存在的事物，减少不符合实际的虚幻事物（如网络游戏）的出现次数。由于大学生缺乏良好的自我控制能力，因此需要加大对网络虚幻世界的控制力度，使其回归至本我的现实世界中。

要优化大学生的学习和上网时间。学习是掌握知识和技能的基础，但大学生在借助网络工具查阅资料时，需要注意控制和约束自我，避免过多参与网络世界中的虚幻活动，从中找到所需的资料后就要及时退出，这样利于他们更好地学习知识。对于大学生而言，要不断提升个人能力，有效利用现实中的资源，将虚幻空间与现实制约点相结合，从中汲取养分，为实现个人的全面发展提供有利条件。

要缩小游戏等网络虚幻资源的影响范围。游戏是网络虚幻资源的组成部分，如今的大学生更倾向使用网络游戏资源来放松身心。但长期沉迷于网络游戏资源（尤其是含有色情和暴力的网络资源），会对大学生的身心健康发展带来影响。针对大学生群体开展的心理健康教育，高校应使大学生注意控制游戏下载范围。此外，网络运营商要合理规划网络资源的范围，要通过整合网络资源在现实世界中的有效应用范围，尽量避免出现危害性资源或不合理资源，使大学生能够区分现实和网络场域的变化，从而为大学生提供完整有效的社会权益。

在当今时代，大学生逐渐成为使用网络资源的重要群体。因此，在开展心理健康教育的过程中，高校应注意培养并强化大学生的社会生存心态，保持合理的内部关系，寻求平衡现实资源和虚幻资源的关系点，使学生养成健康的心态，学会控制个人情绪。要求大学生适当参与体育锻炼活动，也是有效转移大学生注意力的有效途径，可为大学生提供更多改善自我的现实空间，减弱其对网络的依赖性。

现实就是客观存在的关系系统，而虚幻的网络则是根据现实进行的改造。回归本我的现实空间，有助于培养个性积极向上的社会适应心态。所以大学生要在现实世界中找寻适合自己的发展空间，并从虚幻世界中寻找精神慰藉，以此抚平内心的创伤，打造个人心理支撑系统。此外，大学生要主动利用好现实资源，从发展变化的空间世界中处理好现实和虚幻资源，提升个人的心理健康水平。

2. 网上和网下资源的有效平衡

网络空间是由千姿百态的场景画面构成的，种类繁多、各具特色的资源共同组成了充满玄幻、虚构色彩的离奇世界，不规则的结构也在某种程度上影响了现实世界的结合方式。网络资源不断更新并且增加，对大学生的成长和发展产生了影响。然而，合理利用这些资源对于保护大学生的心理健康至关重要。一些不良信息和广告会出现在不健康的网页上，这会对大学生的健康发展造成一定影响。因此，我们必须严格管理和开发网络资源，使文化资本能够快速、有效、健康地得以传播，推动网络文化朝绿色健康的方向发展。

要合理规划线下资源。这些资源存在于现实世界，并融合了各种文化元素，代表着人类思想和精神的结晶。我们要通过充分利用现实世界的实体资源，激发个体的主动意识，使其积极参与社会实践活动，并建立更健全、更有利于自身发展的社会资本体系，还要丰富和具体化社会文化。因此我们需要充分利用网络资源并整合线下资源，使它们相互促进，从而达到平衡发展，并积极健康地为社会提供服务。

3. 传统和现代资源的合理归位

中国的传统文化在历史进程中扮演着重要角色，它一直在塑造和传承社会的价值观念，并持续地影响着当今社会。应借鉴传统文化的智慧和精华，并在不断地更新和演变中，使文化焕发出勃勃生机，继续绽放耀眼的光芒。随着现代文化的不断演变，如何推动传统文化与现代文化的融合并创造出新的发展机遇，就成为迫切需要解决的难题。人们通过智慧力量创造的网络世界，为这种融合提供了合理规划和推进的途径。传统文化通过网络资源的整合被纳入网络世界中，同时现代文化也在不断融入和充实网络文化，以此产生积极的社会影响。大学生在当今社会中扮演着文化传播的重要角色。因此，必须确保大学生在传统和现代文化中找到合理位置。与此同时，也需要借鉴传统文化的精华，不断对其进行更新。

这样的努力将会激发更多人对传统文化加以关注，形成一种良性循环，从而为时代创造更丰富的文化财富。

（二）构建网络场域防御机制

1. 各部门协调监管

网络场域存在大量的低质量内容和重复文件等资源，如何清理这些冗余网络资源是管理网络场域空间的关键。作为时代的前沿者，大学生应充分发挥个人才智，尽管在利用网络时可能会产生一些垃圾信息，他们也需要通过信息技术发挥自己的才智，以消除可能存在的负面影响。

要强化网络监督和管理，遏制网络垃圾和重复建设。立法机关必须严格遵循规定的程序来制定相关的法律法规。要调查大众意见，收集网络和社会调研数据，针对网络不当行为及时采取制止措施，并建立相关的法律框架体系；重视大学生的情感表达，反映现实状况，强调人文关怀，确保法律程序的严谨性；接受社会监督，建立有效执法体系，并保证公正执法，确保违法者受到应有处罚；依据法律程序，对制造网络垃圾的个人和群体采取严格的处理措施，及时制止和纠正不文明行为，并转交司法机关处理涉及犯罪的情况，决不容忍任何违法行为；努力完善网络场域环境，特别是打击垃圾广告和色情文化，对传播者给予严厉惩罚，以确保问题得到有效控制。

网络场域是具有规则性的，每个场域都有自己独特的发展轨迹，会根据条件不断建立和完善系统。个体的思维和行为会受到场域规则的影响和制约，因此网络场域需要依赖法律来确立秩序，引导人们遵守规则，维护社会稳定。网络场域存在着特定的发展规律，其中各个系统独立运作，依据已有资源逐步发展，并在社会生存的前提下不断壮大。人类以自身掌控的资源优化网络系统空间，发挥智慧和才能来转换网络场域资源，但由于网络空间并非私有，网络场域资源选择具有一定的不确定性。资源的分配与优化需要通过自身实力和系统资源的竞争来实现，法律则是其中的制约和平衡因素，能规范人类行为。

法律是由人类制订的规则，是人们根据现实情况进行强制执行的行为规范。国家要根据网络场域的实际运行情况来制定相应的法律规定，以确保网络场域按照规则运行并能规范人们的行为。这样可以促使人们理性地利用网络场域空间，也能强调法治对国家治理的重要性。法律能使人在网络场域空间中产生一种规范意识，进而自我约束和规范行为。因此，法律的制定有助于促进场域规则的自我选择。

然而，制定与网络场域相关的法律并非毫无章法，应当遵循特定的规则。首先，需要考虑网络场域资源的有效利用，以有效约束资源的社会影响。要对有害的网页进行强制关闭并追究法律责任，对扰乱网络场域秩序的垃圾文化进行坚决取缔，以推动网络环境的健康发展。其次，要遵循网络场域的现行情况。要对个人在网络上的行为进行严格限制，强调家长对未成年人上网的监督责任，并根据各个年龄段的特点制定相应的法律措施。最后，应当严格执行网络场所的审查标准。国家各级机关必须严格按照国家法律规定审批网络会馆，以确保进行有效的网络监管和监督工作。对违规的网络场所要坚决予以取缔，以杜绝网络不文明行为，并对造成恶劣影响的责任人追究刑事责任。这些法律的实施在一定程度上能限制网络空间资源的滥用和不良行为，可对网络环境的良性发展起到推动作用，使其能够按照规则进行健康发展。

2. 强化场域预警机制

要强化网络场域预警机制建设力度，使其能自动反馈违规行为并及时报警。在网络场域环境中，过多重复加入资源和产生垃圾文化是一个问题。因此，建立网络场域自我预警机制至关重要。一旦检测到垃圾内容或重复资源，网络系统会先警告用户。如果用户再次上传这类内容，系统将强制将其删除，以保护网络免受垃圾内容的影响。若用户频繁干扰系统正常运行，系统会报警并追究其责任。

要通过技术创新，开发网络筛选系统。通过采用技术手段和创新，可以开发过滤系统来识别网络资源中的重复内容，排除不合理的内容，并根据网络场域规则对垃圾信息进行处理，自动拒绝重复加入的内容，从而有效遏制垃圾文化的蔓延，提升网络空间的整体素质，推动网络空间的良性发展。只有确保网络场域环境规范，才能有效遏制不良网络行为的传播。要通过整合并净化网络场域资源，达到内在的净化，从而促进用户心理健康，为公众和社会的发展提供更好的服务。

（三）规范学校教育网络场域

1. 回归教育教学根本

教育教学是学校文化建设中的重要组成部分，对学校的发展起着至关重要的影响。建立积极向上的校园文化场域，培养大学生的社会责任感显得尤为重要。在打造校园文化场域过程中，需要逐步调整内部场域关联资本，凸显文化的魅力和实际意义，改变网络的适应性和创造性，重视文化的价值。同时，要摒弃校园文化中的商业意识，凸显校园文化的神圣性以及文化和教育的公益性。这样一来，高校就能摆脱当下商业文化的影响，回归教育本源，传承文化，培养新时代的高素质人才。

教育教学旨在培养符合现代化建设要求的优秀人才，使其具备深刻认识世界和改造世界的能力。为了实现这一目标，学校需要提供良好的学习环境，以帮助学生保持良好的社会生存心态和积极有效的稳定状态，从而推动教育的完善与发展。因此，学校必须利用现代科技并运用先进的网络技术，使学生具备运用网络知识的能力，以实现培养高素质、高科技人才阶梯式发展的目标。

2. 优化师资队伍建设

教师在学校教育中发挥着重要作用，教师素质会直接影响教育教学效果。因此，学校应该根据需求选择合适的人选，除了重视教师的文化知识能力，还需要考虑他们是否能够熟练应用现代教育科技。教师应该不拘泥于传统模式，应该积极应用网络教学工具，这样能够扩大教师的知识面，提高其教学水平。教师的科学技术水平对学生的成绩有着重要的影响，他们应该不断更新教学方法，紧跟社会发展的步伐。通过网络教学，教师不仅能够提高自己的网络教学能力，也能够更好地适应社会发展的需求。

大学生既是知识经济的传播者又是受益者。教师必须向当代大学生传授必要的科学技术知识，培养大学生的科学学习思维，帮助大学生朝着更高水平的学术和职业发展道路迈进，激发他们的创新思维，全面发展科技成果，展现大学生的奋斗精神。教师要帮助大学生规划好人生发展方向。只有具备坚定的决心和意愿的人才能最终成功。要让大学生充分认识到现代科技的重要性，通过实践不断提升自己，为追求宏伟目标而努力；面对困难时要勇于付出努力并接受挫折，为实现人生理想做好准备。教师要对高科技社会的发展进行分析。网络的发明与应用推动了社会的进步。教师可以利用网络讲授知识，实现远程教育，开展科学社会实践活动。教师在大学生的发展过程中扮演着“引路者”的角色，同时也是科技创新的改造者。教师要通过研究科技发展的趋势引领科技进步，帮助学生深入理解社会，促进现代网络科学技术的创新与发展。

3. 创建良好校园文化氛围

网络场域系统可以被视为包容多元文化并自由选择的空间，而由于网络场域系统具有自我选择性特征，其可能会带来一些负面影响，因此需要人为进行干预和净化以维护其秩序和规范。网络场域拥有自己的规则和客观性，需要在尊重规律的前提下发挥人的主观能动性。首先是合理管理和净化不同资源。网络场域资源丰富多彩，人们可自由创建个人网站。然而，这种自由也可能带来安全隐患和垃圾信息，对人们的心理造成负面影响。因此，提倡净化网络场域垃圾文化的重要性日益凸显，需要由高素质的专业人士建立净化系统，识别并清理垃圾网站以及其中的有害资源。这种系统不仅可以净化网络场域系统，还有助于优化资源的交互规则，促进健康竞争以及资本的生成与转化。合理分配资源，有效促进权利流动，有助于培养积极心态并改善网络环境。其次是个人的道德修养得到提升。在内化系统的同时，还需考虑个人的影响因素，优化个人的社会适应能力，调整不合理的内在状态，保持稳定的心态模式，更新过时的观念，提升心态素质，逐步拓展个人意识，促进心理健康的积极发展，提高道德修养水平。要促使法律和道德相融合，共同推动网络场域秩序的良性发展，使网络成为造福人类的平台。

要净化网络场域系统，尊重网络场域发展规则，并在此基础上加入人的干预效应，促进网络场域合理有效的资源共享，同时提高人为加入的创造力，在展示已有前历史结构的铺垫下，加入新的合理的结构元素，促进个人心态的优化。这两方面的发展进步，能加强大学生对良知的认识。要以服务人类社会的有序发展为目标，逐步实现可持续发展，并在场域的发展中，实现资源的合理转化，进而改变权力的发挥空间，达到权力的平衡。

（四）明确家庭教育职责场域

1. 合理予以经济支持

家庭是大学生成长过程中至关重要的环境，家庭的经济情况对大学生的未来发展具有直接影响。经济支持的增强可能会妨碍大学生自我成长，因为过多的支持有时会削弱大学生的自我努力和拼搏精神，因此家庭需要谨慎提供经济支持。大学生需要培养良好的消费观念。大学生独立生活后，会常常享受到自由自在的感觉，而父母却始终忧心着孩子在大学的生活，他们常会竭尽全力满足孩子的需求，而孩子则往往过于专注于购买高科技产品，将电脑视为日常必需品，频繁向家人提出经济支持的要求。因此，每个家庭应该为孩子提供适当的独立空间，帮助他们建立正确的心态，培养其独立解决问题的能力，并为其提供必要的经济支持。要教育孩子学会善用资源。在大学生的日常生活中，家庭教育发挥着重要作用。家长从小开始的教导对于培养学生健康的社会适应心态至关重要。因此，家长需要引导孩子养成良好的金钱观念，包括学会理性支出、积极赚取收入，并建立健康的消费习惯。学生在年轻时养成健康的消费观念，等到进入大学时，这些观念已经根深蒂固。这能帮助孩子认清自己的能力范围，这也是培养其财务意识的关键。特别是在当前互联网技术飞速发展的时代，大学生可以利用网络开展业务，获取更多经济资产，降低对家庭经济的依赖程度，学会自己谋生。

为孩子提供必要的经济支持是孩子融入社会的关键，这也是大学生成功的重要组成部分，因为这样他们才能够积极参与社会建设，并拥有正面的态度，履行个人责任和义务。合理的经济支持将为他们提供明确的发展方向，促使其更好地了解社会现实，并为将来做好充分准备，从而使其保持积极的心态并持续进步，为人生留下美好回忆。

2. 营造良好的家庭教育氛围

网络场域环境有其独特的构造模式，并且会受到人类意识观念的塑造影响，进而会对网络场域的发展造成影响。因此，确立良好的网络关系系统至关重要。大学生应该在互相交流的氛围中建立良好的人际关系，并了解不同个体的心理原理。不同个体应借助对话加深相互理解，促进交流，增进彼此了解，以促使不同网络空间资本之间的对话和沟通产生价值。建立信任、遵守诚实和守信原则，并以共同发展为目标，可以有效化解矛盾，保持心态稳定，从而增强建立和谐网络关系系统的支持。

大学生积极参与网络场域世界中的实践活动，可以充分发挥其创造力，以平和心态理解网络场域中的各个方面，修复网络场域中的漏洞和缺陷，从而更好地构建和谐网络场域环境。

（五）改善个人能力发展场域

1. 培养个人自信心

大学生需要利用网络场域获取对个人发展有益的资源，进而提升自我修养，塑造更健康的生活态度，培养自身意志力和品格。大学通过网络场域获取的无形资源在实践中可以转化为实物，能为其增加实力，提升资本积累，从而实现心态的平衡发展。

将网络场域资源转化为个人能力，主要体现在三个方面。

第一，个人素质得到发展。个人素质的发展包括科学文化素质、心理素质和道德素质等的发展。大学生可通过网络场域获取科学文化知识来推动个人进步，这是其塑造自我形象和增强内在修养的重要动力。科学文化素质体现了个人的修养和认知能力，是从对世界的理解能力。在实践中展示和提升科学文化素质，可以有效提升大学生个人能力。因此，大学生在网络中吸收文化知识资源变得更加重要，这些知识资源是取之不尽用之不竭的动力资本。大学生要通过吸收精华和有益资本，增强内在文化修养，为个人未来发展奠定坚实基础。科学知识本身蕴含着大学生道德修养的要素，人文知识中有许多可提升大学生个人修养的文化知识，涵盖了古代至今的智慧总结，广泛涉猎各种领域，能加强大学生道德文化修养。要通过提升道德素质，增强大学生面对成长路上挫折的能力。年轻人必然会经历生活中的困境和挑战，但他们也正因为年轻才拥有积极向上、不屈不挠的意志，即使跌倒也会勇敢站起来重新奋斗，只要坚持不懈，生命便永葆活力。只有在面对生活中的困难和挑战时，大学生才能不断成长，领悟奋斗的重要性，磨炼内心的坚韧意志，从而成长为成熟的个体，并承担起自己的责任。

第二，将理论转化为实际行动的能力。学习网络场域知识不仅可以提升个人内在素质，还能使个人的知识文化和综合素质变成实际的优势资源。知识是一种宝贵的资源，大学生应该根据自身条件，将其转化为实际的财富，创造机会，赚取价值。然而，这个过程充满了挑战和压力，会考验大学生的心理强度和坚韧性。他们需要经历困难之前的磨难，只有坚持自己的目标和信念，才能在前方找到成功的道路。但如果放弃，一切将随之消逝。因此，内心的力量是个人通过经历困难积累的个人财富，只有不断探索、不断追求，个人才能看到未来美好的生活，看到风雨之后的晴天。

第三，自我管理能力。大学生在网络场域中无法轻易获得各种资源，需要个人主动掌控。大学生在网络场域中擅长利用资源，但有些网络场域资源是具有吸引力的低质量文化。在追求个人需求的过程中，大学生可能会受到许多不良文化的诱惑。如果被诱惑所迷惑，就可能偏离正确方向。要想重新找到正途，大学生需依靠个人的自我控制能力。他人只是外部因素，改变现状还是要靠自己努力。大学生要通过提升对现实和虚拟文化的应对能力，加强自我控制，抵御诱惑，及时纠正错误，迈向更美好的未来，打造坚固的心理防线。

在网络场域中，大学生需要不断提升心理健康水平，增强自我意识和自我控制能力，努力学习各类知识，并将之运用于实际生活中；提升经济基础，实现个人自我价值，锤炼意志力，培养高尚品格，并提升道德素质。

2. 提高个人综合素质

网络场域的参与人数众多，而个人的素质又会对网络场域带来不同的影响。生活背景、教育经历等的差异，会对个人的网络场域心理带来不同的影响。因此，加强个人网络场域建设，对提升大学生的心理健康素质具有重要意义。

要加强个人网络场域系统，深入了解和认识网络场域给大学生带来的机遇和挑战，掌握网络场域的基本原则和规则，从心理角度对网络场域的负面影响有所了解。在参与其中时，大学生要以史为鉴，防患于未然，并了解网络场域的现状和资源的可靠性，把握自我内心的状态和道德品质，更准确地认清自己的位置。大学生只有深刻了解自己，才能充分发挥个人意志力的作用。

大学生在网络场域中可展现出积极活跃和独立个性的特质，他们能够清晰地认识自己的情况，并通过这种认知加强对自我心态的调节，避免受到不良行为的影响，还可构建一种防控机制。当他们进入网络场域空间时，能够保持清醒的头脑，明确自己使用网络系统的目的，从而有针对性地选择有用的网络场域资源。通过这种方式，他们能够巩固心理防线，产生自我调节的效果，充分了解自我，从而为保持网络场域心理健康奠定基础。

3. 构建良好的人际关系

网络场域是一个多元开放的三维空间，人们利用网络场域进行交流，旨在推动社会知识积累和个人思想融会贯通。首先，心灵间的交流。虽然网络场域交流有许多不确定因素，但无论如何，它都有助于个体缓解内心的压力。例如，虽然人们互不相识，但可以在虚拟聊天室里畅所欲言，倾诉内心的烦恼和不快，能够得到心理上的舒缓和宣泄，这有助于人们保持心理健康，促进个人社交和建立良好的人际关系。其次，从他人那里汲取经验和知识并加以学习。在网络场域中，人们可以通过相互借鉴和学习来互相交流。例如，进行学术知识交流，网络场域中的参与者可以跨越时间和空间的限制，互相分享学术观点，并通过建立个人网页发表学术观点，吸引其他学者的关注和参与评价，进而分享个人见解，促进学术思想的正确认知和推动其普及化发展。又如知识的更新和提升。人与人之间的互动关系是一种至关重要的生产方式，历史进步和社会发展都需要借助这种互动关系。从古代奴隶社会到封建社会，再到资本主义和社会主义社会，人们通过不断交流和知识更新，改变了以往的观念，创造了适应时代需求的交流环境，这成为人们推动生产力发展的重要力量。

大学生在网上互动主要是为了寻找信息和与他人分享心得，通过网络场域交流塑造个人形象和建立人际关系。这种互动能为他们提供更多的活动空间，帮助他们释放压力、扩展知识领域，从而改善心情。良好的交流有助于促进个体的身心健康和学术进步，进而可帮助个体建立和谐关系，促进社会发展。

二、网络文化下大学生心理健康教育路径

（一）增强网络法规建设，创设优质有序环境

网络文化以其开放性著称，但为了促进和谐发展，必须遵循相关法律法规，维护良好的网络文化环境。国内已经颁布许多法律法规，以确保网络计算机信息安全并对网络文化传播进行管理，但由于相关法律法规尚未健全，仍有许多不法分子利用法律漏洞从事网络犯罪活动，导致各种网络问题频繁发生。考虑到这一点，需要进一步改进相关法律，净化网络环境，确保大学生心理健康教育得到有效推动。首先，要针对网络文化监管不断加大法律实施力度，将严格约束和打击作为基本准则；其次，要利用信息技术手段及时审查和清除网络上的有害思想和文化，并与国际组织合作，共同抵制有害文化信息的传播；最后，应加强对大学生校园网络文化的建设，积极传播正面信息，对学生产生潜移默化的影响。

（二）发挥网络文化价值，拓展教育宣传渠道

在网络文化视域下，大学生是网络时代的主体力量，他们与互联网的联系非常紧密，可以通过网络第一时间了解社会信息，网络为进行大学生心理健康教育提供了良好的载体和平台。应该充分利用网络文化的潜力，开辟大学生心理健康教育的宣传渠道，以增强整体教育效果。地方政府和教育部门应该高度关注大学生心理健康教育，积极利用网络文化平台来开展这方面的工作。要定期开展心理健康教育宣传活动，帮助大学生正确理解心理健康问题并使其意识到及时处理是很重要的。在进行心理健康教育宣传时，应该通过多种渠道和方法，利用高校的校园网站来传播心理健康知识，鼓励大学生自愿参与心理健康检测和咨询，以激发大学生接受心理健康教育的意愿，从而促使他们主动进行自我检查和调整。

（三）构建校园网络文化，开展针对性心理咨询活动

在网络文化视域下进行大学生心理健康教育，可以利用网络媒体平台策划各种形式的校园活动，以培养学生的优秀品质，为他们的全面成长奠定基础。大学生受网络文化影响的程度日益加深，他们能够将从网络所学的知识应用于日常生活中，从而缓解理想与现实之间的冲突，逐渐消除不良情绪和心理障碍。在大学生心理健康教育中，心理咨询发挥着非常关键的作用。因此，高校应该不断提高心理辅导与咨询的整体水平，利用网络媒体与学生建立联系，以便及时与他们进行沟通。要为大学生提供高质量的心理健康指导服务，其形式包括个人咨询、团体咨询和有针对性的辅导，以解决其心理健康困惑和问题。高校也需要特别关注那些遇到学习困难、处于恋爱破裂状态或者卷入违纪事件的大学生，要为他们提供心理咨询和辅导，并持续关心他们的心理健康，帮助他们解决困扰和问题，以预防其因心理健康问题而产生极端行为。

（四）增强师资队伍建设，适应网络文化教育

网络文化是复杂多样的。高校要消除网络文化对大学生心理健康教育造成的不良影响，必须加强心理健康教育的实效性，培养优秀的教师团队和骨干，打造一批综合素质和技能较强、高素养、严谨守纪、了解网络文化并能灵活运用信息技术的心理健康教育师资队伍。随着网络文化在高校各个领域的普及，心理健康教育工作者应该及时更新知识，提升自身能力，熟练掌握网络文化和教育技巧，运用多种渠道和方式开展心理咨询工作。在网络文化视域下，要研究大学生的心理特点和发展规律，并运用心理健康教育知识来改进心理健康教育方法，帮助高校学生建立健康的心理状态。要通过担任学生的心理导师，引导他们了解负面网络文化的影响，培养他们形成自律和谨慎的思维，使他们能够独立识别网络中的潜在危险，从而维护自身的思想、价值观和心理健康。在进行在线心理健康咨询时，学生会提出心理健康问题，教师应该从学生的角度认真考虑问题的根源，并努力提高学生的心理健康素质。

（五）建立 24 小时咨询室，及时解决心理问题

目前许多高校设有大学生心理咨询室，但由于负责指导心理健康教育的工作人员通常是兼职教师，需要同时处理高校的其他工作，心理健康教育咨询形同虚设。因此，面对大学生心理健康问题日益复杂化这一现状，学校应该建立 24 小时在线心理咨询服务，为学生提供心理健康方面的帮助，并为其提供有效的自我调节方法。建设在线心理咨询平台是因为很多大学生在自尊心受到影响后，往往不愿意找心理健康指导师寻求帮助，这也导致许多学生采取极端方法来解决心理问题。因而，高校应注重这一方面的工作，以确保学生能够及时获取有效的心理健康指导，以应对心理困惑和障碍。

第四章 其他多元文化对大学生心理健康的影响

本章对其他多元文化对于大学生心理健康的影响进行了探究，主要包括四个方面的内容，分别是竞争文化对大学生心理健康的影响、传媒文化对大学生心理健康的影响、休闲文化对大学生心理健康的影响、大众文化对大学生心理健康的影响。

第一节 竞争文化对大学生心理健康的影响

一、竞争文化的内涵

（一）竞争与竞争文化

大学生是国家的栋梁，是社会的未来。他们通过寒窗苦读、多次竞争，最后脱颖而出；进入大学后，看到周围的同学都是学业上的佼佼者，逆水行舟，不进则退，他们必须参加学业竞争；为了更好地锻炼自己各方面的能力，他们必须参与校内各种团体活动竞争；背负父母的期望，十年寒窗苦读就是为了找到理想的工作，要在毕业后找到自己想从事的职业也必须竞争；等等。竞争文化深深地影响着大学生生活、心理的方方面面。

竞争存在的根本原因就是因为有价值的资源具备稀缺性，资源的供给难以满足人们的需求。竞争的本质目的就是获得利益，以满足自己某方面的需求，而借以得到利益的手段就是竞争。在市场经济体制下，竞争是一种普遍的经济机制，竞争的逐利本质会得到彻底的体现，可激发人们对利益的欲望，也可促进市场经济的发展。在竞争作为一种普遍的经济机制发挥作用的过程中，最为关键的就是要调动人们的竞争心理。竞争心理就是关于如何看待竞争、怎样参与竞争等方面的心理状态。竞争的过程就是调动人的成就动机、激发人的情绪情感、克服人的安逸心理和恐惧心理等心理要素的过程。不同的学科领域探讨竞争问题时，都是从自身的原理与方法的角度出发的。

从文化角度来看，竞争文化是指在竞争过程中，可反映竞争方式和方法、竞争思想、竞争观念、竞争规则和竞争法律制度的文化形态。竞争文化是当代文化的一个重要方面，是一种生机勃勃的文化、一种充满活力和具有自我更新能力的文化。竞争文化与市场经济紧密联系在一起，可在市场经济体制中得以确立、发展，还可在完善的过程中逐渐积淀成形、羽翼丰满。

竞争文化的基本内涵是关于竞争的理念。理念是关于某种事物的看法与价值评判，是行为的先导，也是文化的影响力的体现。竞争理念是竞争者公平参与或积极创造并维护竞争活动秩序的内在自我要求与共性认识，即参与竞争者对竞争及竞争规则的认同。竞争理念会对竞争者的竞争行为产生直接影响，并对相关竞争规则与法律制度的制订、具体措施的规划和执行等产生相应影响。因而，竞争理念是竞争文化的内涵，可起到基础性的作用。良好的竞争文化氛围主要归结于人们培育的竞争理念。

竞争文化的外延是竞争理念影响下的竞争行为和制度设计。在同一种竞争文化环境中，有些人的竞争行为符合双赢的要求，希望所有的参与者都能够有所收获；有些人的竞争行为就有损竞争道德，或不择手段，或损人利己，以达到自己的目的。这些竞争行为均可反映在一定时期、一定社会环境之下的竞争文化发挥作用的状况，体现着竞争文化的外延作用。竞争文化的内涵和外延是在竞争过程中、在竞争心理作用下所形成的系统。

从普遍观点看，文化是一个历史的概念。可以从两个方面来理解：一方面，所有文化现象都是在特定历史背景下存在、演变和发展的，因此文化具有特定时代的特征；另一方面，文化是在历史传承中逐渐形成并确认的传统，即文化具有传承性。

竞争文化不仅具备文化的一般性特点，还具有自身独特的性质。第一，竞争文化只存在于人类社会。竞争广泛存在于地球上的各种生物体的生存、发展过程中，但文化是人类社会独有的财产，是人之所以为人的本质体现。只有人类社会产生后，才开始有人类的文化。从这个意义而言，竞争文化只存在于人类社会。第二，竞争文化伴随着市场经济的确立而产生。竞争存在于人类社会发展的每个阶段，但这个时候的竞争普遍只是出于人类的“弱肉强食，适者生存”的本能反应，并未形成一种独特的文化。自给自足的小农经济社会缺乏竞争，更何谈竞争文化。要形成竞争文化，必须满足广泛、自由、公平、公正地开展竞争这一前提条件。在市场经济体制下，人们主动地接受竞争、认同竞争，形成强烈的竞争意识，并能够在竞争过程中遵循竞争秩序和竞争道德。第三，竞争文化是充满活力的激励文化。竞争文化蕴含着“逆水行舟，不进则退”的危机感，总是激发人们的进取心与成就动机，使人们普遍地接受“爱拼才会赢”的观念，并勇敢地去拼搏。

（二）竞争文化的作用

“在这里，知识作为一种文化，被视为一套模式化的、程序化的符码或思想体系，在人的行动与其外部世界之间起到中介作用，在人与他人或社会之间起到整合作用。”竞争文化就在竞争者之间，竞争与社会发展之间发挥着作用。一方面，竞争文化可对竞争起到规范引导作用。规范，当名词用时指人们在行动过程中应该遵守的准则标准；当动词用时指行动合乎准则，可起到约束作用。竞争文化对竞争的规范作用体现为为竞争提供必要的行为准则，即使竞争合乎竞争的要求，特别是公平公正的准则。规范的最终目的在于引导，将人们引向正当价值要求的方向。竞争文化对竞争的引导作用就是要引导人们树立公平公正、积极进取的价值理念。另一方面，竞争文化可激励一个民族形成强烈的创新精神。竞争文化是一种充满活力的激励文化，能够促进社会生产力的发展。竞争总是伴随着成功或失败，只有通过不断的科技创新、管理创新和体制创新，才能在激烈的竞争中立于不败之地。就一个国家而言，要想在国际舞台上取得话语权、取得更大的影响力，也需要在科技领域不断创新，力求主导世界科技的发展趋势。在风起云涌的18世纪的英国，在利益的驱动下，人们不断在工业科技领域取得创新，这奠定了英国称霸全球的基础。另外，竞争文化对人们的心理还具有塑造作用。文化心理学的观点认为，“文化与人的心理相互建构、相互影响。”① 在不同的文化语境下，心理总有差异。“文化是人类活动的独特媒介在历史中的积累，是人类心理构建的中心角色，它参与并模塑人类心理的历程”。②

竞争文化对人们心理产生的作用，主要表现为一方面它能强化人们的危机感和竞争意识，为人们带来更大的成就动机、更强的奋斗精神。现在的社会为人们所提供的走向成功的条件和道路比历史上任何时候都要多，都要自由。但在这种条件下，人们需要不断地竞争进取，以时刻保持领先的地位，要不然就要被后来者赶超；另一方面它也给人们的心理造成极大的压力，影响人们的心理健康。任何竞争的过程都是体力与智力的比拼过程，更是心理素质的较量过程。当代社会的竞争往往比拼的不是智力与体力，而是抗压能力、受挫能力，谁能顶住这些压力，谁就能笑到最后。

文化心理学的观点认为，文化影响着人们对制度性刺激的反应；如果文化是一个场，那么这个场就会赋予场内的行为以特定的意见和解释的方法；特定的文化影响着人们对意向世界和意向生活的解释，人们在捕捉和使用意向和资源的过程中会影响和改变每个人的心理。着眼于大学生对竞争的刺激反应，将大学生的竞争心理放置于现代文化价值观念的土壤之中，无疑对把握大学生竞争心理和解释大学生的竞争心理变化有独特的作用，可扩展研究大学生心理健康的领域。

正如曾文星所说：“文化在无形中影响且塑造我们的行为表现方式，所面对的心理问题的性质，并左右我们对问题的处理方式，包括对困难的适应模式，以及遭遇挫折或生病时的反应与处理方式。”③ 竞争文化无疑是与大学生关系最为密切的文化之一，与大学生心理问题的产生、解决也有着密切联系。竞争文化强化了大学生的危机感与竞争意识，当这种竞争强度维持在一定的限度时，竞争文化可以激发学生的成就需要和成就动机，并且能够使这种需要与动机维持在健康的水平，帮助大学生保持心理健康；但过分竞争容易导致大学生心理压力过大，导致大学生心理不健康。因此，从竞争文化角度探究大学生心理健康问题，即从一个

① 李芸，余琼，郭斯萍．从自我到自我观：文化心理学的视角 [J]. 心理学进展，2020，10（12）：7.

② 李炳全，叶浩生．文化心理学的基本内涵辨析 [J]. 心理科学，2004（1）：62-65.

③ 曾文星．文化与心理治疗 [M]. 北京：北京医科大学出版社，2002：4.

新的视角来看待大学生心理健康问题，要提出更具针对性的解决方法。因此，从竞争文化角度研究大学生心理健康问题，就能够从深层次的文化理念、价值模式、思维方式等方面考察大学生心理健康理论。

感觉知觉、情绪情感、言语思维、人格动机等都是人的心理的基本要素。要研究人的心理，就必须考察这些基本的要素。但是这种考察必须放在具体的时代条件和具体的文化语境中，因为在不同的时代、不同的文化语境下，人们对待同一种事物的态度是不尽相同的。例如，因为宗教传统不同，西方人对上帝有着强烈的尊崇感，希望能从上帝那里得到心灵的宽慰；我国的汉族人民从古至今均未有强制性的宗教信仰习惯，因此在心理上就不存在宗教的禁忌，更多的是以儒家的礼仪维持日常的伦常秩序。时代文化对人的感觉知觉、情绪情感、言语思维、人格动机等具有重要的重塑作用，其具体体现就是文化理念、价值模式和思维方式上的差异。从竞争文化角度研究大学生在新时代下的感觉知觉、情绪情感、言语思维、人格动机等，对深化大学生心理健康理论研究大有裨益。

大学生的心理问题，往往是生活适应、学习压力、人际交往、就业竞争等要素错综复杂地交织在一起的问题，而其中竞争是导致其学习压力较大、人际交往不顺和就业困难的重要因素。研究竞争文化、健全竞争机制、完善竞争道德和优化竞争环境有利于塑造健康的校园文化，可帮助大学生在各种竞争性校园活动中调整自我心理状态，形成健康的竞争心理。从竞争文化的角度研究大学生心理健康，将为大学心理健康教育提供一条新的途径。

二、竞争文化对大学生心理健康的正面影响

随着高等教育改革的深入发展和竞争机制的引入，高等教育界逐步形成了学生与市场“双向选择”就业机制、奖学金机制、“中期分流”机制和教师“挂牌教学”机制、科研项目公开招标机制、后勤社会化机制等，竞争文化在高校迅速发展。大学生在物质需求、知识需求、交往需求、情感需求和成就需求等方面都会受到来自竞争的压力。

第一，竞争文化提升了大学生的危机意识。危机意识是人们面对涉及自身利益和充满不确定的境况而产生的焦虑和紧张的心理状态。一个国家如果没有危机意识，这个国家迟早会出问题；一个企业如果没有危机意识，迟早会垮掉；个人

如果没有危机意识，必会陷入不可测的困境。因此，保持适度的危机意识对国家和个人的发展都具有促进作用。人们常说因为日本是岛国，所以日本人有特别强的危机意识，所以他们才能在科技领域不断地推陈出新，保持强劲的竞争力。大学生就是一个个孤立的岛，为了能够在学校得到更多的锻炼机会和毕业后在社会上找到自己的合适位置，他们会深深地感到自己的不足和与社会要求的差距，并形成强烈的危机感，从而促使自己不断地学习、不断地实践，努力提升自己的能力。大学生面临学业与就业的前途问题，发展性无疑是大学生危机意识最为主要的特点。大学生一般都在18—25岁之间，正处于青年初期。这个时期的大学生生理成熟，但其心理发展处于由不成熟向成熟转变的时期，同时他们的社会化程度又滞后于心理发展。在这种情形之下，大学生的危机意识具有易发性和起伏性。

第二，竞争文化强化了大学生的成就动机。所谓成就动机，是指个体对趋向成就的内在动力。根据阿特金森（J.W.Atkinson）的成就动机理论，个人的成就动机包括两部分："其一是力求成功的意向，即人们追求成功和由成功带来的积极情感的倾向性；其二是避免失败的意向，即人们避免失败和由失败带来的消极情感的倾向性。这两种意向同时存在并作用于个体，但是它们各自驱使着相反的心理机能，成就动机的大小取决于它们冲突的结果。"[①] 当代大学生的价值观念越来越务实，他们希望通过自己的努力实现自己的梦想。因此，他们非常关注专业技能的训练，往往在实践中提高自己的竞争能力。许多大学生已经不满足本科毕业，他们会考研究生、考托福、考雅思及各种证书。他们清楚地认识到，自己身处竞争激烈的现代社会，必须认真地规划自己的人生，在激烈竞争的社会成就自己的一番事业。

第三，竞争文化培养了大学生的进取意识。进取意识是主体人为不断提升自己的能力和实现自己的价值的自觉认知。竞争能坚定意志，激发潜能，开启智慧，是提升个体工作质量或效率的重要手段。竞争文化培养大学生的进取意识主要表现为自主意识的强化和其对自身利益的追求。激烈的竞争意识，其实是一种表现为强烈的职业承诺和责任感的内在感受，培养和提升这种意识有助于大学生在探索真理的过程中勇攀高峰、不畏困难，积极追求设定的目标，努力作出更多的贡献。高校引入竞争机制能激发大学生的进取精神，培养大学生的竞争意识。竞争

① 转引自徐飞．学者笔谈 第10辑[M].上海：上海交通大学出版社，2013：62.

文化培养大学生的进取意识还表现为他们为全面提高自身能力素质而做出努力。在竞争活动中，他们为了提高自身的竞争力，注重基础知识的学习和素质的提高；注重理论与实践的结合，积极参加实践锻炼活动；注重与国际接轨，努力学习外语，积极参加国际学术会议和外事活动；注重包装自己，努力展示自己的优势，回避自己的薄弱方面。

第四，竞争文化提高了大学生的心理素质。心理素质构成了人的整体素质的一部分。一个人的心理素质是其在天生条件的基础上，通过后天的环境与教育的作用逐渐塑造的。心理素质指的是人的认知能力、情绪和情感特质、意志力、气质和个性等方面的品质。随着时代的变迁，人们对心理素质的重视日益增强。加强对青少年心理素质教育的重视，已经成为社会和时代发展的必然趋势。现在的竞争不仅仅是知识能力的比拼，从某种程度上说，更是心理素质的较量。竞争可为大学生提供广阔的机会，让每个人都有机会展示自己的优势。改变自己的缺点，实现全面发展。这将激励大学生不断提升心理素质，一些影响竞争力的心理状态，如惰性、侥幸、投机等，将逐渐受到控制；而一些积极的心理状态，如创造、求实、合作等，将得到加强。另一方面，在大学激烈的竞争环境中，通过各种各样的竞争，以及在竞争过程中不断地自我肯定积极的因素，增强自信心，克服自卑感，不断地进行心理调节与情绪调节，大学生的心理素质可得到提高，他们能够以正确的心态迎接挑战和竞争。在挫折面前，他们能较快地调整心态，以新的面貌投入学习和生活，以积极的心态迎接下一次的挑战和竞争。

三、竞争文化对大学生心理健康的负面影响

竞争文化可给大学生带来正面影响，也可给大学生心理健康带来不容忽视的负面影响。大学生生理、心理、社会化程度处在不同阶段，这会使得一些大学生面对激烈的竞争感到无所适从，紧张、焦虑，不良情绪随之而生，心理健康受到影响。

（一）竞争文化给大学生个性带来的不利影响

一是大学生容易因过度竞争而产生情绪障碍。过度竞争现象在大学生中普遍存在，广泛体现在大学生的学习、人际交往、就业等领域。为了达到自己既定的

目的，部分大学生不惜损害别人的利益，损害同学、朋友关系。部分大学生因过度竞争而出现恐慌心理、就业焦虑、就业期望过高、择业偏执以及在自我意识上认知不准确、不全面等状况。具体表现为，①非理性消费严重。有的大学生不顾自己的现实情况，过度地与别人攀比，享受奢侈的物质需求。②学术欺骗。有的大学生为了能在短期内提升自己在学校各项指标上的竞争力，考试作弊、剽窃文章等。③就业恐惧，定位不清。大学毕业生就业形势严峻已为世人所共睹，但只要自己定位清晰，转变就业理念，仍然能够顺利就业。有些大学生被严峻的就业形势击倒，迷失了自己，不管合适不合适，不顾自己的职业兴趣，盲目参加各种招聘会，这造成了人力物力的浪费，更为严重的是增加了自身的心理负担。

二是竞争中的个人利益至上而导致大学生的合作意识淡化。在市场经济和西方价值观念的影响下，大学生普遍存在较强的个人利益意识。特别是在高校扩招，中国的高等教育迅速由精英教育转变为大众教育之后，大学生面对的最直接的后果就是就业难与生存成本增加。在家人的殷切期望和巨大的社会压力下，当代大学生变得越来越务实，功利主义、实用主义、利己主义在当代大学生中变得越来越普遍。

三是竞争压力增强，导致大学生的心理问题日趋严重。大学生面对当前的竞争环境，无不紧张愁眉，不仅高年级有竞争心理压力，而且竞争压力有向低年级蔓延的趋势。由于竞争引起的大学生心理不适，主要表现在心理上渴望竞争，但缺乏竞争的勇气；对公平竞争机制持怀疑态度，怨天尤人。有些学生面对来势汹汹的竞争内心极不安全，害怕别人超过自己，所以敏感多疑，甚至走极端，常常是害人害己。有的大学生在看到其他同学的成绩、才华或政治上的进步超过自己时，心理就不舒服、不愉快，甚至采取贬低、嫉恨、攻击和背后议论等方式对同学进行诋毁，甚至造谣诽谤等，产生严重的嫉妒心理。面对竞争，有的大学生出现担忧、紧张、不安和怯懦、逃避等恐惧心理，尤其是面对就业竞争时，他们更是无所适从。这种怯懦、逃避竞争的心理无疑对竞争本身不利，更重要的是会直接危害个人的心理健康。也有的大学生对竞争跃跃欲试，期望值很高，一旦竞争受挫，便会自暴自弃，或玩世不恭。攻击伤害也是竞争压力之下大学生心理问题的重要体现。有些大学生在竞争失败后无法面对残酷的现实，也不愿意冷静地审视自己并找出失败原因，而是对竞争对手采取敌意或报复行为；也有些大学生通过破坏公共财物来释放他们的愤怒情绪；还有些大学生在竞争失败后会感到挫败、绝望和无助，如果他们发现直接向外发泄无效或者会带来更多痛苦，就会把愤怒和指责转向自己，认为自己无能或不争气，甚至走上轻生的道路。

（二）竞争文化给大学生心理带来的不利影响

随着我国经济体制转型升级，市场对人才的要求越来越高，而大学生扩招引发的人才供应相对过剩的现状更加剧了大学生在走向社会后的竞争。相关调查结果显示，在日益严峻的竞争形势面前，大学生的不良竞争心理日趋普遍。具体表现为以下三点。

一是激烈的竞争使部分大学生对竞争产生偏执心理。在心理学上，偏执指病态的自我援引性优势观念或妄想，常见的是关于被害、爱、恨、嫉妒、荣誉、诉讼、夸大和超自然力的妄想。在竞争中的偏执心理是指个体对竞争过度敏感，不能客观、全面地认识、看待竞争而形成的心理状态，这在部分大学生身上表现为不能正确、客观地分析竞争形势，往往从个人感情、个人利益出发看待竞争过程和竞争者，对竞争极度敏感，又极度脆弱，容易以点概面地否定竞争过程的公正性和公平性，容易把竞争失败归咎于客观因素或竞争参与者。

二是为避免竞争失败，部分大学生对现状产生安逸心理。安逸心理是指个体害怕失去既有成就而不思进取、安于现状而形成的心理状态。出于对未知的恐惧和对安全的本能需要，人总是容易害怕失去已有的东西，固守已取得的成就。安逸心理就是这种追求稳定和害怕失去的心理的体现。大学生的安逸心理主要表现为，部分大学生怕吃苦，怕担当风险，一旦取得某种成就就易于满足、守成稳健、不思进取；部分大学生对父母提供的良好读书条件无动于衷、奢侈浪费，在学校虚度光阴、混日子，走向社会就对父母的财产坐享其成。

三是部分大学生对竞争产生恐惧心理。恐惧心理是指个人缺乏自信，对竞争感到恐惧，进而导致担忧、紧张、不安和逃避的心理状态。在市场经济下，社会对人才的要求不断提升，就业制度正经历全面改革，人才市场需求日益市场化和就业竞争日渐激烈，家长对子女的期望值也在不断上升，同时大学生对实现自我的愿望也在增强，这一系列因素给大学生带来了前所未有的压力。然而，由于缺乏足够的生活经验、心理承受力不足，以及背负太多负担，一些大学生会感到自卑，不敢参与竞争。有的大学生缺乏必要的职业生涯辅导，对自己没有清晰的职业生涯规划，对自己的人生定位不清，更由于自我期望过高，最终在竞争中收获失败的结果，从而对各种竞争失去信心，产生畏惧心理。

四、竞争文化对大学生心理健康不利影响的调控

竞争文化给大学生的心理健康带来了不良影响，这种不良影响的消解必须通过文化的途径。文化是一个广泛的概念，不可能面面俱到地研究文化问题，只有从竞争文化相关方面去消解竞争文化的负面影响，力求将竞争文化的负面影响降低或消除，从而保持学生的心理健康。这是本书研究的落脚点或归属。

（一）完善公平公正的竞争机制

要建设健康的竞争文化，就需要有良好的竞争机制以保障竞争过程具有良性的竞争秩序。健全的竞争机制是消除竞争文化对大学生心理健康的不良影响的首要条件。

①要增强竞争过程中程序的公开性。竞争是社会发展的动力，也是个人进步发展的动力；社会越发达，竞争则越激烈。竞争并不可怕，人们担心的是竞争不公平。公平是竞争的基础，竞争是公平的体现。竞争要求公平，公平保护竞争。要保障竞争的公平性，就要增强竞争程序的公开性，让整个竞争过程成为阳光竞争。具体而言，要保证竞争的起点具有平等性。这就要求按照竞争者的普遍条件设立竞争条件，而不是按照既定人员来量身定制竞争条件。在竞争过程中要保证信息能够及时准确地公开，对竞争过程能够“现场直播”，杜绝暗箱操作行为。竞争的透明性、公开性意味着所有参与者在竞争的准备阶段和竞争过程中，都享有平等的竞争机会遵循公平的竞争准则。同时，要加强竞争结果的法律和舆论监督。竞争过程结束后，应将竞争结果公布在网上或其他公布栏上，接受舆论的监督。如在公示期内，有人检举竞争存在舞弊等不公现象，相关人员就应该查清事实，依法追究当事人的法律责任。只有在制度公平的前提下，大学生才会形成公平竞争意识，并在主观上消除侥幸心理和不正当竞争心理，脚踏实地地提高自身的素质和能力。而不正当竞争如果得不到抑制的话，必然会使大学生产生投机取巧心理，必然会加速不公平竞争现象的恶性循环。

②要完善竞争规则。俗话说，无规矩不成方圆。古今中外，规矩在人们的日

常生活中发挥着不可或缺的作用。如果没有道德、习俗、习惯等规矩维持秩序，人们的日常生活将难以为继。从古至今，人类竞争包括无规则竞争和有规则竞争。无规则竞争是一种无序竞争、野蛮竞争，为了得到所追求的竞争目标而不择手段、欺诈谎骗；有规则竞争，即竞争者遵循竞争场内的各项竞争规定，竞争过程完全按照竞争规则进行。完善竞争机制、规范竞争秩序，是保持竞争文化健康发展的题中之义，也是大学生形成良好竞争心理的前提。提高竞争的规范性，最主要的是完善竞争的规则，让每一位竞争者都详细了解竞争的规则流程。要在对竞争各因素都加以控制的前提下，只留下一个未控制的自变量——竞争者的能力。在这种公平竞争的情况下，即使在竞争中失败，人们也不至于产生愤愤不平的心理。

③要加强大学生的合作意识培养。过去，竞争的价值取向多表现为个体性、功利性，大学生主要是为了自己的利益而竞争。这种价值取向的竞争对大学生的成长产生了积极影响。然而，这种强调个人主义和功利性的竞争也使大学生变得更加保守、自私，并不愿意展开合作，甚至导致他们在心理上产生不健康状态。在我国社会主义市场经济条件下，竞争与合作实际上是相辅相成的，二者并无本质上的矛盾，并在社会主义思想道德体系下得到了统一。这就要求大力倡导不甘落后、良性竞争的良好风尚，和敢于挑战和勇于应对挑战的进取精神，以及追求成功的自信心和不达到目的誓不罢休的坚强毅力。同时，大学生要在集体主义的原则下，增强与他人的沟通与交流，加强团结与合作，在竞争中实现双赢。随着科技飞速发展，社会职位分工日益精细化，这要求人们不仅要具备竞争意识，还需要展现出合作精神、团队合作能力，以适应日益激烈的竞争环境。

（二）优化竞争文化环境

环境，是近年来人们最关注的话题之一。人类所生息的环境已不能再恶化下去了，要求改变现状的呼声遍及世界各地。环境心理学从心理学的角度寻觅解决复杂和多样的环境问题的途径，认为“人和环境是相互作用的，个体改变了环境，反过来他们的行为和经验也被环境所改变。”① 人生存在自然环境和社会环境中，竞争是人在社会环境中的存在状态。竞争环境是影响大学生行为和经验的重要因素，人创造环境，环境造就人。因此，优化竞争环境、保持良好的竞争氛围，对

① 徐磊青，杨公侠．环境心理学：环境、知觉和行为 [M]. 上海：同济大学出版社，2002：3.

调适大学生的心理健康可起到“润物细无声”的作用。

①要树立积极竞争的校园文化理念。校园文化是以师生员工为主体、以校园文化活动为主要内容、以校园精神风貌为总体特征的一种亚文化，是学校在发展过程中积累和奠基而形成的物质文化和精神文化的总和。校园文化因学校本身的历史、文化底蕴和所处地缘而具有自身独特的风格。校园文化在塑造大学生的道德品质和智力成长方面起着至关重要的作用。学校可通过社会实践、社会调查和社会公益活动来提高学生的能力水平，还可通过由大学生自主策划、组织的社团活动，如跑步、登山、游泳等，改善大学生的身体素质，同时这也有助于培养他们的团队合作精神、坚定的毅力和拼搏的精神。通过丰富多彩的文艺、体育、军训、理论研究、学术演讲等活动，高校可以营造出一种充满活力、向上向善的文化环境。大学生身处这样的环境，受这种精神的熏陶、耳濡目染、潜移默化，会逐渐形成一种有学识、有修养、有进取心、有优雅品质的心理健康人格。在校园文化建设中，大学生不能满足于当前状态，要坚决摒弃不愿向前迈进的消极态度，要具备积极进取、勇于竞争的奋发向上精神。教师要为大学生营造一种环境，让他们敢于展示自己，敢于在公开场合展现自己的才能；要使大学生逐步形成“不断超越自我、超越他人”等的进取精神。

②要塑造良性竞争的校园学习氛围。竞争环境的多样性可以催生不同的价值导向，不同的价值观形成不同的价值取向。集体主义价值观强调在竞争中集体利益和社会利益的重要性，个人主义价值观强调个人利益的中心地位。高校想要营造良性竞争的校园学习环境，一方面要倡导主导性鲜明的价值取向。学习是大学生的核心任务，是大学生参加一切校园活动的出发点和落脚点。大学生在学习过程中要树立社会主义核心价值观，坚持马克思主义指导思想，坚持中国特色社会主义共同理想，坚持以爱国主义为核心的民族精神和以改革开放为核心的时代精神。大学生要以社会主义核心价值观为指导树立自己的学习竞争观，并树立为民族的繁荣而不懈努力、开拓进取的伟大理想。另一方面要引导大学生形成积极竞争的学习习惯。仅有鲜明的主导型价值取向还不足以形成良性的校园学习环境，大学生还必须在价值的导向下实施具体的、积极的学习措施。要通过课堂教学、课外活动等学习场所使大学生在学习中形成“逆水行舟，不进则退”的学习意识、“爱拼才会赢”的学习动力和“宝剑锋从磨砺出，梅花香自苦寒来”的学习韧劲。

高校要鼓励大学生积极参与各种知识竞赛，从资金和场所等方面支持大学生举办与学科知识相关的各种创意大赛、讲座等。

③要营造和谐互助的校园生活环境。紧张的学习环境充满着竞争的味道，这时需要有轻松的生活作为调节，让绷紧的心弦得以放松，为新一轮的学习竞赛储备充分的能力。和谐互助的校园生活环境是校园文化的重要组成部分，与良性竞争的学习环境互为补充。丰富的校园文化就是一幅幅生活的画卷，充满生活气息的校园文化活动是校园生活展示的载体。在这些活动过程中，大学生可体会到生活的乐趣，深化对生活的理解。和谐互助的大学校园生活环境，可对大学生的心态和精神境界产生积极影响，能够帮助大学生缓解学业、生活和工作压力，调整个人情绪和状态，提升心灵境界和精神品质。和谐互助的大学校园生活环境也能够潜移默化地影响大学生的思想观念、行为方式、价值取向和心理品质，帮助他们实现全面发展。在校园中营造充满活力和乐观气息的环境，对于大学生来说，是培养个人情感、树立人生信念、提升内在修养、取得学业成功的关键。营造和谐互助的校园生活环境，首先要培养学生具有广阔的胸襟。由于家庭出身、价值观念、生活习惯、学习习惯等方面不同，同处一个寝室、同在一个班级的大学生不免会产生一些矛盾。其实，这些矛盾都不是什么大的利益冲突或激烈的对抗矛盾，这时他们需要的是开阔的胸襟和一颗包容的心。培养开阔的胸襟是营造和谐生活的基础。其次，要培养大学生高尚的情操。开阔的胸襟和高尚的情操只能要求大学生“独善其身”，并培养其内在的美，只能塑造和谐的生活，并不能塑造互爱的校园生活。要营造和谐互爱的校园生活，大学生还需要养成互助互爱的情怀。这就要求大学生从生活的点滴做起，学会关心身边的同学、教师，学会关爱生活困难的同学，学会体谅他们的心情，控制自己的行为。除此之外，学校还应该让学生学会关爱社会，要定期组织学生参与公益活动，让他们对社会尽自己的责任和爱心。

（三）增强竞争道德教育

①要培养大学生在竞争中的原则公平意识。原则公平意识指的是在竞争中自觉接受竞争规则的约束，践行公平竞争的明确意识。在这种意识的支配下，大学生能够在竞争的过程中恪守竞争道德原则，采取正确的行为方式。培养大学生的原则公平意识，就是要求在学校的管理中把常规转化为原则。俗话说，习惯成自然。当外在的要求转化成学生的日常习惯后，公平竞争的道德意识也就能在学生

心中确立起来。当然，要使学生自觉接受竞争道德规范的约束，高校需要一个内化的过程，内化之后才能真正地指导学生的行为。在教育过程中，要注意强化竞争道德规范的权威性，建立良好的监督与自我监督机制，将学校的竞争道德规范与社会的竞争道德规范联系起来，并通过反复强化，将学校的竞争道德规范泛化为一种应遵守的社会原则，使每一个学生都形成遵守原则的意识。同时，要使学生在竞争过程中采取正确的竞争行为，将内化的竞争道德规范外化为公平的竞争行为。道德认知与道德行为脱节、道德意识与行为能力的缺失已成为当今道德教育面对的重要问题。大学生普遍呼吁建立公平公正、诚信道德的竞争文化机制，希望自己成为竞争道德高尚的人。但有些人在具体的竞争道德实践中采取双重标准，知行脱节，只讲结果，不讲过程，以至于在学习上考试作弊、论文抄袭；在就业上托关系、“走后门”。因此，要培育竞争道德，必须做到言行一致。要培养大学生竞争道德的“原则公平”意识，还要增强大学生在竞争过程中的公平体验。我国的教育总是习惯于对学生进行外在的灌输，而不注重让学生发挥自己的主观能动性、增强自我体验。要让学生认同行为规范，认识到行为规范的普遍约束力。这种公平竞争的体验既可以增强学生对竞争公平的认可，又能避免学生在竞争失败时形成错误归因，将失败的原因指向竞争本身或者竞争的参与者。

②要培养大学生在竞争中的人际相融意识。针对大学生在竞争过程中容易产生人际冲突的问题，高校要在培育竞争道德时重视对大学生人际相融意识的培养。人际相融意识就是要求大学生在竞争过程中，基于原则公平的竞争而对竞争对手尊重、理解、宽容等。对对手的尊重是参与竞争的基本道德要求。一方面，大学生只有在与竞争对手的充分拼搏中，才能体现自己的能力与价值；另一方面，竞争的结果只能说明一次的成败，并不代表永远。竞争场上无常胜将军，每个人都应该以平和的心态面对竞争结果。在竞争中尊重对手，既是竞争道德的要求，也是参与竞争者调整心态、保持心理健康的重要途径。竞争总是有胜负，其结果总是残酷的。在竞争的最后，无论谁是胜利者，都应该对失败者表示尊重和关怀，而不是冷漠。而竞争的对立性和残酷性有可能为竞争者选择道德冷漠起到推波助澜的作用。所以，即使是在竞争领域内，高校也要用竞争道德倡导大学生怀揣同情与恻隐之心，这样他们才能获得心灵的健康与快乐。组织专门的班级教育活动，是在竞争过程中培养大学生人际相融意识的有效途径或手段。例如，在主题班会

中使用角色扮演的方法，设计一些竞争性情景，使学生体会不同角色带来的感受，最后通过讨论，强调人与人之间相互理解与保持融洽关系的重要性，帮助学生理解积极竞争的重要性，从而使其体会到正确竞争行为所带来的内心满足与快乐。学校可以通过利用班级中偶发的竞争冲突，引导学生不要将竞争中的问题升级为人际冲突。高校可以与心理咨询机构合作，采用适当的心理策略和方法来帮助学生建立和谐的人际相融模式。

③要培养大学生在竞争中的利益双赢意识。培养人际相融意识只是培育竞争道德的一种治标之方，但不能有效解决竞争的根本冲突——利益冲突。在竞争文化的制度建设中，要强化合作创设，保障双赢竞争；在培育竞争道德过程中，同样要培养大学生的利益双赢意识。这主要通过改变学生权衡利益的思维方式以及培养学生形成共同利益意识来实现。大学生参与竞争，从横向比较而言，他们总是希望实现预想的利益回报，在群体比较中突出自己的能力与利益地位；从纵向比较而言，他们总是希望每一次竞争都能实现预想的利益，并且每一次的利益规模都比前一次大些。竞争的横向比较更容易激发大学生的竞争欲望和成就动机，而纵向的比较更容易激发他们的进取意识。因此，在培育竞争道德的过程中，高校一方面要引导学生把横向比较与纵向比较结合起来，调整合适的竞争动机、保证理智的行为，并在反复的强化中形成自己的竞争利益意识；另一方面又要引导学生在竞争中正确理解和把握集体利益与个体利益、他人利益与自我利益的关系，形成共同利益意识。具有共同利益意识的竞争结果是个体能充分认识到竞争是一种推动群体利益发展的手段，个体的竞争目的是促进群体利益的发展。古希腊哲学家伊壁鸠鲁（Epicurus）说过："公正没有独立的存在，而是互相约定而来，在任何地点，任何时间，只要有一个防范彼此伤害的相互约定，公正就成立了。"[①] 从培育竞争道德而言，要实现原则公平与人际相融，就需要有"防范彼此伤害的相互约定"；从根本上而言，高校要培养大学生的利益双赢意识，让彼此的利益诉求在部分程度上都得以满足，以获得总体之和大于个体的理想结果；从更广的视角而言，当今竞争已经突破了地域界限，国与国在交往中也在努力寻求共赢的方式。因此，大学生的竞争应该具有国际视野，从民族习惯层面认识各民族的道德习惯，从文化层面理解各国的道德价值，形成利益双赢意识。

① 周辅成．西方伦理学名著选辑：上卷 [M]. 北京：商务印书馆，1987：96.

第二节 传媒文化对大学生心理健康的影响

一、传媒文化对大学生心理健康的正面影响

当代大学生生活在强大的传媒文化之中，生活中已然离不开现代传媒。传媒文化在大学生的生活中发挥着巨大的作用，为大学生的学习、生活带来了许多正面的影响。

传媒文化对大学生心理健康的正面影响可以总结为四个方面。

第一，有利于开阔大学生的视野，激发其创造性。当今，传媒文化产品种类繁多，层出不穷。各种音像制品，国内外电视剧、广告、电影、电视节目和报刊填满了人们的日常生活。网络、报刊与图书、电视和广播这几种大众传媒成为大学生获得信息的主要渠道。特别是网络媒体的出现，带领人们进入了信息网络时代。在信息网络的环境中，信息海量生产、更新速度快、查询检索方便，在开阔大学生视野、丰富知识方面有着举足轻重的作用。

传媒文化不仅开阔了大学生的视野，丰富了他们的知识，同时还激发了他们的创造性。开放的传媒文化为大学生发挥创造性提供了有利条件，培养了他们的创造能力。建设性的后现代主义者大卫・雷・格里芬（David Ray Griffin）曾指出："从根本上说，我们是'创造性'的存在物，每个人都体现了创造性的能量，人类作为整体显然最大限度地体现了这种创造性的能量（至少在这个星球是如此）。"[①] 每个人都想追求新鲜的体验和新奇的事物，人的最根本的本性就在于创造性，创造性是人类社会不断进步的最根本的内因。大学生是否具有创造力，是其是否具备良好的心理素质的重要表现之一。开放多元的传媒文化一方面满足了大学生的好奇心、追求个性自由的要求。并且由于网络传媒的便捷，大学生可以在浩如烟海的信息资源里随时找到自己所需要的资源。因此他们不再看重记忆，可以部分摆脱记忆对他们的束缚，因而他们可以有更多的时间和精力去创造和运用新知识。同时，一些新兴的传媒文化产品如网络播客和微博也越来越重视使用者

① [美] 大卫・雷・格里芬. 后现代精神 [M]. 王成兵，译. 北京：中央编译出版社，1998：223.

的主体性和创造性。大学生，他们可以以自己为主角，展示各种创意。在自由、宽松的网络传媒环境中，大学生有充分的空间激发自身的创造性思维，这最终使他们成为拥有主动精神和旺盛创造力的生命个体。随着博客、播客和微博等自媒体的发展，越来越多的大学生通过对自媒体的灵活掌握，积极发挥主动性和创造性，增强了自信心，活出了独特的个性。

第二，有助于大学生融入社会。融入社会，即大学生的社会化过程，是大学生在与他人交往和互动的过程中，塑造个性、学会并践行社会行为准则，适应并融入社会生活的体现。人是社会的人，是一切社会关系的产物。任何人都不能脱离社会的存在而发展。随着人的发展，人与社会的联系越来越紧密。帕特里克·维克托·马丁代尔·怀特（Patrick Victor Martindale White）说每个人都降生于先于他而存在的文化环境之中。当他一来到世界，文化就统治了他，随着他的成长，文化赋予他语言、习俗、信仰、工具等，总之，是文化向他提供作为人类一员的行为方式和内容。当今的大学生就处在大众传媒文化环境中。现代化的大众传媒、丰富的传媒文化产品为大学生社会化获取社会信息、参与社会互动提供了多样的途径和形式。无论是作为传统媒体的报刊、广播、电视，还是作为新媒体的互联网、手机等，都负载和传达着各种各样的社会信息，这使得大学生的思想观念不可避免地受到了影响。特别是随着网络、手机新媒体的诞生，大学生加入网民这个大群体中，随时可以了解世界各地发生的大事，并用鼠标和众多网民一起改变着世界。

社会适应能力是指“个人处理日常生活能力与承担社会职责达到了他的年龄和所处社会文化条件所期望的程度，也就是指个人适应自然和社会环境的有效性”①。1999年，《中共中央 国务院关于深化教育改革全面推进素质教育的决定》中指出：针对新形势下青少年成长的特点，要加强学生的心理健康教育，培养学生坚忍不拔的意志和艰苦奋斗的精神，增强青少年适应社会生活的能力。社会适应能力是心理素质的核心内容之一，也是社会对人才素质的基本要求之一。社会适应能力是心理健康的重要内容。在第三届国际心理卫生大会上提出的心理健康标准中，其中一条是“适应环境，人际关系良好”。国内外众多学者在论述心理健康的含义时也无一例外地提到了社会适应的重要意义。大学是大学生学习科学

① 马洪路. 社会康复学 [M]. 北京：华夏出版社，2003：139.

文化知识的重要时期，也是他们为即将进入社会做好准备的关键时期。大学生能否顺利社会化、提高社会适应能力，关系到他们能否在毕业后迅速适应当今竞争激烈的新环境。因此，高校要重视大众传媒，充分发挥其在大学生社会化过程中的积极作用。

第三，有利于丰富大学生的精神生活。传媒文化是伴随着社会物质财富迅速增长而发展起来的，它改变了人们的日常生活。原本在日常生活另一端的、专业领域的艺术作品，包括电影、戏剧、音乐、美术、艺术展览等，也改变了它们的存在方式，变成图片、文字或音像、视频等出现在人们的日常生活中，丰富了人们的精神生活。传媒文化为大学生的精神生活编织着新的形态。在紧张的学习之余，大学生需要放松和调剂自己的生活。20 世纪 80 年代出生的大学生可能会说："录像厅是我们看世界的窗口。"当时，随着录像机逐渐进入普通家庭，租录像带在家看电影是那个时代许多年轻人的休闲方式。20 世纪 90 年代出生的大学生则会说："网络才是我们看世界的窗口。"今天的大学生多么幸运，无数电视台开通了电影频道，他们在家可以轻松看电影。随着电脑的普及和网络技术的发展，大学生可以想看什么就点击什么，下载什么。目前，几乎每所高校的校园网都可以用极低的费用甚至免费获得上千部电影。大学生利用传媒丰富课余生活，既方便自由，又经济实惠。其中，影视剧颇受大学生的欢迎。大学生很少与社会接触，而影视剧中包含丰富的社会信息，可以让他们间接地了解社会，并为即将踏入社会打下基础。尤其是高水准的影视作品，它们塑造的榜样或人物可以引起大学生的共鸣，激励处于迷茫中的大学生，成为大学生的精神良药。"优秀的影视作品能丰富大学生的思想，陶冶他们的情操，让大学生在闲暇时能真正地接受到真、善、美的教育和艺术的熏陶，使大学生的身心和综合素质得到提高。"① 再如电视节目，形式层出不穷。目前，打开电视，上百个频道的各式节目让人眼花缭乱，娱乐、新闻、购物、旅游等分门别类，受到了年轻人的欢迎，丰富了他们的精神生活。

第四，有利于大学生缓解压力，放松身心。今天的大学生面对着越来越大的压力。随着高校扩招，大学生不再是"天之骄子""香饽饽"，"毕业就失业"的现象开始出现，大学生要面对激烈的社会竞争和残酷的就业压力、竞争压力、考

① 胡艳杰．传媒文化在大学生素质教育中的作用 [J]. 新闻知识，2008（9）：63-64.

试压力等。一些大学生在情感、人际、学业、环境适应、家庭等方面都存在一定的心理困扰等，这导致其产生一些负面的情绪。这些负面情绪若不能合理有效地得到释放，则会影响他们的学习和生活。在近乎同一时期，我国的传媒文化也逐步向娱乐化过渡，其源头要追溯到20世纪90年代初。这一时期，中国社会正经历着迅速而深刻的变革，包括经济、社会、思想和文化等方面的深刻变革。我国的传媒体制也经历了重大变革，即由过去的事业单位转变为事业单位的企业化管理，甚至有的转制为企业形式。也就是说，传媒行业开始朝着市场化竞争的方向迈进。从那时起，娱乐与消费等观念开始渗入传媒文化产品中。因此，大学生的一些负面情绪通过消费娱乐性的传媒文化产品可以得到很好的宣泄。同时，传媒文化还可通过提供不同的途径和形式扩大大学生的交往范围。通过QQ等通信方式，大学生可以随时与朋友或亲人，甚至是陌生的网民沟通，宣泄负面情绪，寻求他人的帮助，倾诉内心的苦闷。多样的沟通形式也使一些大学生避免了面对面交流的尴尬。高校心理教育工作者应当多多利用传媒的各种优势，拓宽心理健康教育的路径。

二、传媒文化对大学生心理健康的负面影响

（一）传媒文化使一些大学生的价值观出现扭曲

传媒文化改变大学生的价值观是基于大众传媒携带的大量信息，这些信息携带着社会价值观念，可充分介入大学生的日常生活。开放的传媒文化必然带有多元的价值观念，经过多次的宣传强化，一些错误的价值观念容易对大学生产生潜移默化的影响，造成部分大学生价值观的扭曲。

目前在校的大学生，大多处于18～25岁的青年时期，这是一个人的世界观、人生观、价值观形成的关键时期。青年时期的特点是好奇心重，可塑性大，求知欲强，渴望接受新事物，了解这个世界。面对各种传媒的包围，他们往往很容易接受图文声并茂、形象生动、具有很强隐蔽性和欺骗性的传播方式，从而不由自主地使用和接受其所持的价值观。

自20世纪90年代开始，我国传媒文化开始了现代转型之路。一方面，传媒文化产品出现了前所未有的“百花齐放”局面，国内外传媒文化产品竞相出现；

另一方面，我国传媒文化从过去的封闭、单一局面，逐渐转变为借助互联网信息技术，形成各种信息文化相互激荡、相互交融、相互冲突的局面。西方国家凭借其在信息技术领域的绝对优势，迅速向我国传播西方的价值观、意识形态、社会文化和生活方式，这势必影响到我国的思想文化阵地。大学阶段是青年学生形成世界观、人生观和价值观的重要阶段，而传媒文化中的不良价值观又会对青年学生产生显著的影响。因此，面对不健康的思想观念和意识形态，青年学生的思想意识很容易受到影响，甚至可能误入歧途。

同时，商业化的传媒文化处处体现着拜金主义和消费主义的倾向，在这种价值观的影响下，部分大学生的人生价值观发生迷失或偏离，被金钱扭曲。大学生的人生价值观沾染上消费主义和物质主义气息，这引导着大学生追求物质享受和感官刺激。例如，一些大学生越来越崇尚财富和金钱，把金钱的多少当作成功的标准；一些大学生盲目攀比、跟风，讲究去高档餐厅消费、穿名牌衣服和鞋子等；还有一些大学生抱着这样的想法，即大学文凭仅仅是自己上升的跳板，人生价值的实现在于能够谋取金钱地位；甚至一些大学生在金钱的诱惑下不择手段，个别人甚至还走上赌博、偷窃、抢劫、杀人等犯罪的道路。如果大学生对传媒文化不加选择地接受、不仔细辨别的话，那么他们价值观将可能被误导。

（二）传媒文化使一些大学生的认知呈现出被动浅显的状态

通过不断为大众提供各种各样的信息，并在大众生活中逐渐占有举足轻重的地位，传媒不仅告诉人们应该关注什么，甚至还告诉人们应该怎么想。

一是传媒文化可左右部分大学生的认知。在20世纪20年代，传播学早期的研究中提出过一个理论，该理论旨在说明在当时信息极其有限的背景下，某些拥有少数信息特权的少量媒体很容易获得权威的地位，从而导致人们对它迷信和崇拜。这就是流行于西方的"魔弹论"。所谓魔弹论，即媒介信息就如同"子弹"一样，会击中受众的每只眼睛和耳朵，对人类的思想和行为产生直接、迅速、一致的、巨大的影响。所以大众传媒具有巨大的骇人威力。受众则是受其本能驱使、人数庞大且缺乏教养、既无独立见解又无个性的群体。他们彼此隔离、很难沟通，大众传媒是其与社会发生关系的重要依靠。依据"魔弹论"，受众好比射击场里固定不动的靶子或护士面前的昏迷不醒的病人，完全处于消极被动状态，只要枪口对准靶子、针头对准人体的某一部位，子弹或注射液定会产生神奇的效果。魔弹论作为一种经验理论，它的形成有特定的时代背景。而在当今传媒文化下，媒介类型越来越多样化，人们获取信息的渠道越来越多样化。有人会说，也许情况并没有那么糟糕。实际上，在大众传媒时代，人们接受的大部分信息是经由传媒加工、整理的。人们依靠传媒获取社会生活各个方面的知识，有些人往往对传媒提供的信息不假思索地全盘接受。然而可怕的是，大众传媒提供的信息并不是百分之百真实可靠的。大学期间，是个人的认知发展的关键时期，它涉及感知、记忆、思维和想象的发展。这一时期，大学生喜欢主动地感知，喜欢从一定的背景知识出发去感知有关事物，以求更完整地认识事物。一旦大学生对传媒内容不加思考地全盘相信，情况就会变得被动而不利于大学生的心理发展。还有不少大学生越来越不去记忆知识，依赖于传媒检索信息的便捷。据心理学研究，人的记忆力发展的高峰年龄是 18—29 岁，大学生恰好处于这一年龄阶段，这是其记忆的黄金时期。如此一来，很多大学生错失了锻炼自身记忆力的好时期。

二是传媒文化使部分大学生思维碎片化、简单化。传媒文化的视觉走向，带领人们进入一个视觉中心的时代。从摄影、电视、电影到数码成像、网络影像合成等，随着摄像技术的发展，一个影像的世界在不断扩大，渗透到生活的每个角落。传媒文化倾向于用图片和影像的方式刺激人们的视觉，这是因为视觉具有相对其他感官的优越性。西塞罗（Cicero）说过，视觉是人们最敏锐的感觉。而影像技术的发展给“看”提供了最大的可能性，试图把一切东西变成可见的。影像的直观性和真实感是传媒文化推崇它的理由。但是，图片或影像一旦取代了文字，变成主导，人们在“看”中只能获得视听的快感而丧失了“读”的理性思考的空间。

传媒文化的视觉化转向，实际上可对大学生的思维方式、理解能力和行为习惯产生影响。有研究发现，有一半以上的大学生认为大众传媒的读图时代改变了其自身的思维方式、理解能力和行为习惯。人们看电视超过半小时以后，大脑皮层便会呈现人类在浅睡眠时的脑电波。虽然影像对人们思维能力的长期影响还有待进一步观察和科学证明，但许多人都普遍认为过度依赖影像会破坏思维的深度，使人的思维趋向简单化、碎片化，理解能力随之下降，并且会使人对文字性的东西缺乏耐性，心智减弱到近乎懒惰的程度。

传媒文化追求以最快的速度展示这个变化莫测的世界。大众传媒用图片和影像将现实世界以碎片化的方式呈现给人们，传媒文化的产品变成了快餐消费，时间被新闻热点分割成碎片。

传媒文化在传递内容的过程中越来越讲究速度，从电视上一闪而过的画面到网络上不断翻过的页面，人们无法凝视只能浏览，而“具有思想的思维的展开本质上是与时间紧密相连的”①。实际上，速度和深度之间始终存在一个速度和深度的权衡问题。如果过分强调速度，就会失去深度，因为思想、意义和内涵会被速度挤压掉，让人没有深刻思考的时间。正如乔治·瑞泽尔（George Ritzer）所说：“速度，尤其是知识和信息的沟通已经制造了一个令人迷乱的、肤浅的图像世界。”②这是传媒文化走向快餐文化的危机，它使得人们更多更快地感知到事物，却不能帮助他们更好地理解事物。不断强调及时性，直播新闻用不连续的叙述方式播放各种离散的事件，导致人们思维的碎片化、简单化。大学生处于逻辑思维和辩证思维高度发展的生理阶段，其思维的敏捷性较高。但是由于其知识面相对来说还比较窄，特别是缺乏实际的生活经验，大学生的思维方式具有单一或垂直的特点，其类比思维和发散思维的发展不太成熟，在分析问题时，他们会缺少新意和深度。传媒文化无疑会导致大学生思维方式走向简单化，不利于大学生逻辑思维和发散思维的发展，从而影响大学生的智力发展。

（三）传媒文化导致一些大学生不良的情绪体验与行为

“情绪”这个词对生活中的每个人来说，都是非常熟悉的。但是，人们对自己情绪的认识不一定很深刻。对于什么是情绪，我国心理学界大多沿用苏联心理学界的观点，认为情绪是人对客观事物态度的体验。这是一个笼统的概念。美国心理学家弗雷德·菲德勒（Fred E.Fiedler）认为情绪是由身体各部位发生变化而带来的有机体的一种复杂状态，在精神上，它伴随着强烈的情感和按某种方式去行动时的冲动；同时，它也包含着生理和行为的变化。良好的情绪有利于健康，有利于学习，有利于成功；不良的情绪则有害于身体，有碍学习，有碍进步。因此，防止情绪危机、提高调节情绪的本领是大学生学会心理保护的必修课题。

① [法] 皮埃尔·布尔迪厄．关于电视 [M]. 许钧，译．沈阳：辽宁教育出版社，2000：30.
② [美] 乔治·瑞泽尔．后现代社会理论 [M]. 谢立中，译．北京：华夏出版社，2003：193.

因此，传媒文化会使大学生产生某些负面情绪已是不争的事实。这些负面情绪主要有以下几种。

一是焦虑问题。焦虑是一种常见的情绪反应，是由模糊的危险刺激所引起的一种强烈的、持久的、不愉快的情绪体验或心理状态，主要伴以紧张、恐怖的情绪，并能引起相应的生理变化。它可以是正常的情绪反应，如个体发现自己很容易紧张，并且知道这种轻微的紧张能提高注意力集中的程度，个体能够把紧张转化为专注，这是轻微怯场的积极意义；它也可以是病理情绪反应，不愉快的焦虑可能升级成明显的焦虑，甚至升级为惊恐，成为焦虑障碍。大学生产生焦虑的原因有很多种，有的是因为刚进入大学校园不适应新的大学生活，有的是因为人际关系紧张，有的是因为学习压力过大，等等。传媒文化之所以能引起大学生的焦虑情绪，主要是因为高速运转的传媒为他们提供了海量的信息，但个体处理信息的实际能力有限，巨量的信息超出了人能承受的极限，导致大学生对信息反应的速度远远低于信息生产和传递的速度，无法进行有效的取舍、判断和控制；同时，大学生在心理上又焦虑地感到自己只有跟进传媒文化传递信息的速度，才不会与这个世界脱节，才有可能抓住可能的机遇。一些大学生因此患上信息焦虑症。

二是技术追赶中的恐慌问题。在当今社会，网络这种新媒介主要以电子技术为依托。网络媒介具有信息含量大、信息搜索自主的优势。调查表明，大学生接触网络的时间越来越多，对网络的依赖越来越强。在电子媒介中，传媒文化主要依托技术设备，如电视机、电脑等。传播技术的迅速发展，迫使人们必须不断地掌握和使用新的信息技术，否则容易在心理上产生恐慌感或者是不能适应新技术变革的压抑感。有些大学生不断更新硬件，学习使用更新的软件，并为此投入了大量时间、金钱和精力。一些大学生甚至互相攀比手机、电脑的先进程度，这会在一定程度上引起贫困大学生的自卑感。

三是身心俱疲问题。很多大学生反映，他们常常因为学习任务而上网找资料，只要鼠标一点，便一个网页接着一个网页、一条信息接着一条信息，网络信息几乎可以永无穷尽。网络世界没有传统媒体的空间和时间限制，如同浩瀚无际的汪洋大海一般，大学生容易在各种纷繁的信息中迷失自己，到最后发现时间花费了很多，学习任务却没有完成，于是产生内疚的情绪。更为可怕的是，一旦这种负面情绪不被及时正确地释放疏导出来，就会不断产生恶劣影响。有的学生说自己明明是想放松一下，但是往往不能把握好时间，自控能力差，所以在放松之后更加疲惫。可见，利用网络已经成为大学生放松身心的一种重要方式；但实际上，如果上网时间过长，人反而会更加疲惫。学校应该为学生多提供体育锻炼的机会，这才是健康的放松方式。

四是色情、暴力模仿问题。不管是关于黑社会的电视剧还是直白的现场采访，或是案发现场的真实照片，这些充满血腥和暴力的报道、图片或影视剧所展示的色情与暴力文化都会对大学生的心理造成很严重的影响。很多校园刑事案件的犯罪手法是大学生从影视剧里或新闻报道里学来的。班杜拉把学习分为两种类型，一种是天生的，另一种则是模仿。传媒内容中色情、暴力内容容易导致大学生在现实生活中不自觉地模仿。当今传媒文化对女性身体的消费倾向越来越明显。

五是怀疑问题。传媒文化信息量大，内容丰富。由于监管不力、传媒从业者素质良莠不齐，各种传媒特别是报纸和网络上的虚假信息非常多。例如，信息在传播过程中，会出现逐渐走样的现象。如果源头的信息是道听途说，那么经过传播链、以讹传讹，这样的道听途说会被一步步放大。这种放大效应在网络传媒中尤为明显。一些信息的发布者的信息来源本身就不可靠，掺杂着谎言和水分，而不明真相的传播者在将信将疑之间，又添油加醋、添枝加叶，如此经过千百人的“改头换面”，谎言的膨胀效应不知扩大了多少倍，而大学生的社会经验还不足以去对其一一鉴别真伪。因此，不少大学生开始怀疑传媒的报道，情感变得冷漠，甚至对各种悲惨事件和人物也表现出怀疑和冷漠态度。若是传媒的这股不正之风不止、大学生识别真伪的能力不提高，那会产生非常可怕的后果。因此，一方面，要保障传媒发布信息的规范性和真实性；另一方面，学校要重视培养大学生识别真伪信息的能力和警惕性。

六是孤独感问题。大众传媒减少了大多数大学生与人的自然亲近和直接交往。而人是群居动物，这种因为大众传媒造成的人与人的交往方式的改变，是人们产生孤独感的主要原因。人们不再需要与他人的自然亲近，因为使用传媒可以满足其结伴与结群的需要。这可通过两种途径得以实现：第一，人独处时可以打开电脑、电视机，“给自己找个伙伴”。通过接受传媒提供的材料，可以了解里面的人物或角色，仿佛他们成为自己认识的人。第二，了解一定的传媒内容或产品后，人们可以在与外界的人际交往中获得便利。于是，传媒把人与人隔离开来，现实生活中的交流转变为人与屏幕、与文字和图片的交流。很多大学寝室里，一到晚上，大学生都各自坐在电脑前，他们共居一室却鲜有对话。同学之间当面交流的机会减少了，人与人之间的感情冷漠了。

每个人的情绪都是有波动的，大学生应该主动摆脱不良情绪。要保持愉快的情绪，必须提高道德修养，树立远大理想，适应外部条件的变化，自觉运用积极情绪克服消极情绪。提倡大学生多开展体育锻炼，这也是消除、减轻精神压力和消极情绪的有效方法。

第七，导致“传媒依赖症”。在大众传媒时代，大众传媒深度介入人们的日常生活，人们被引入了一个大开眼界、感觉无法离开的强力认知磁场。同时，多种媒介传递着大量资讯，人们时刻被围裹在各类传媒织就的信息网络之中。人们对事物的认识、判断和决策几乎完全依靠传媒发出的信息，一部分人对传媒表现出极强的依赖心理。这种传媒依赖心理在大学生中也不少见，其中一部分人有“传媒依赖症”。人们深度地依赖大众传媒，接触各种传媒并通过它获取信息已经成为人们生活的常态。

当今大学生所处的社会环境已经不同于魔弹论产生时期的社会环境。由于交通和通信高度发达，世界正在变小，加上信息社会发展迅速，大学生对各类信息的需求更加迫切，这一时代的大学生对传媒的依赖更为明显。媒体已经成为人延伸了的视觉神经和大脑思考的神经元，成为人们认知结构中不可缺少的一部分。

三、传媒文化对大学生心理健康不良影响的调适

（一）倡导中国特色的传媒文化

传媒文化要倡导社会主流价值，弘扬真善美，鞭笞假恶丑，要充分发挥社会主义先进文化的引领作用，坚持面向现代化、面向世界、面向未来的，民族的科学的大众的发展方向，坚持为人民服务、为社会主义服务的方向，契合社会文明进步的要求，体现时代精神和民族精神。同时又要注意表现形式上的多样化和思想内容上的多样化。要在传媒的各个阵地上创造出百姓乐于接受的、形式多样的文化产品，使传媒文化在党的宣传战线上发挥出更大的作用，散发出勃勃生机。

要坚持马克思主义指导思想，倡导中国特色社会主义共同理想，提倡以爱国主义为核心的民族精神和以改革创新为核心的时代精神。中国特色社会主义传媒文化的建设与管理离不开社会主义先进文化的引领，要以此帮助大学生树立正确的世界观、人生观和价值观，培养大学生健康的价值取向、积极向上的精神状态和高尚的道德情操。

（二）建设高校传媒文化教育平台

建设良好的校园传媒文化，首先要坚持正确的舆论导向，用马克思主义的观点和方法，正确地反映舆论，并且还要影响舆论，引导舆论向着积极正确的方向发展，为大学生的成长提供丰富多彩、健康向上的精神食粮；其次，要充分运用校园的各种传媒，加强传媒与学生的互动机制，让学生自己在传媒战线上做宣传，使更多的学生接受校园传媒的引导；再次，要营造健康向上的文化氛围，加强对传媒的监督和管理，通过政策和技术严管信息渠道，不让有害信息进入校园毒害大学生，促进大学生的全面发展和个性发展。

当今社会把报纸、广播、电视和网络媒体称为四大主流媒体。总的来说，我国的高校普遍设有校园媒体，包括校报（刊）、校园有线广播、校园有线电视和计算机网络，它们在传播党的方针政策、推广先进文化、推进高校改革、促进学校发展等方面发挥着重要作用。校园传媒是学校用于宣传思想的重要载体，旨在引导学生形成正确的政治观念和舆论导向，力求为高校的思想教育稳定工作以及改革发展提供支持，并促进学校内部各个方面的联系沟通，营造积极的校园氛围，增强师生的文化素质和修养。校园传媒传播的文化内容可对师生产生重要影响，若利用得好，其将是一个全方位的心理健康教育平台。

当前几乎所有高等学校都有自己的校报或校刊，有的学校的一些学生团体也会出自己的报纸和刊物；校园广播覆盖全校范围，广播响起时，不论学生走在校园哪个角落，都能听到广播声；校园电视没有普及到每个寝室一台，但学校食堂基本上保证了有线电视的配置；每个学校都有校园网，有的学校分设校内网和校外网。校内网不需要连接外网就可以上，主要是浏览学校的网页和下载校内的共享资源；校外网则是学生付费后才可以使用的互联网。除此之外，学校图书馆的藏书丰富，在阅览室里有大量中文和外文的杂志、报纸、书籍。这些传媒资源可以被高校充分运用到心理健康教育工作中，以搭建一个传媒心理健康教育平台。

学校要坚持以学生为主体，鼓励学生积极参与传媒文化活动。高校设立的大学生通讯社、大学生记者团能广泛吸引学生参与，有助于其从传媒文化中获取更多的知识、信息和服务，展现自己的能力和才干；学校要结合大学生自身的特点和兴趣，在学校的广播台和电视台播放可宣传、体现中华优秀传统文化和社会主义核心价值观的节目，把心理健康教育融入整个校园传媒环境之中；学校要在校园网开辟具有本地方和本校特色的红色网站，宣传优良革命传统，多放一些能体现主流价值观的影视剧作品，使大学生有更多的渠道获取优秀的心理健康教育资料，加深其对中华民族文化和社会主义先进文化的认同感；学校图书馆在订购外文图书和杂志时要把好关，不能让一些暗藏资本主义腐朽价值观的报刊进入大学校园内部流通。

建立校园传媒心理健康教育平台，可以说能最大限度地发挥传媒文化对心理健康的积极影响、最大限度地消减传媒文化的消极影响，还能充分利用校园传媒开展大学生心理健康教育活动。每一个人，不论心理状态是否健康，了解一些心理学知识都有好处。特别是大学生，其情绪的两极化非常明显，其中一极对情绪的自我控制和调节能力较差，若不加以疏导，很容易导致其产生严重的心理问题。利用校园传媒文化平台，高校可以把过去仅仅局限于只接受课堂教育的学生带入一个更为广阔的天地。要想对大学生普及心理学知识，高校可以充分运用校园广播、校园电视台、校园网、校报及校刊等。例如，在校园网上建立心理健康教育窗口，有利于大学生上网学习心理学知识、进行网上心理咨询和治疗，这样就避免了有些大学生不敢或不愿当面进行心理咨询或治疗的问题；在校报上专门开辟一个心理健康的版块，为学生提供心理疏导的方法或心理案例的解说；特别要利用校园广播和电台覆盖面广的优势，在校园电台和广播里开通普及心理健康知识的节目，这样高校可以保证在校的每一位学生都能接收到心理健康知识，这可大大提高心理健康咨询的实效性。高校可以充分利用多样化的媒介，使大学生系统地掌握心理学知识，了解自身心理发展变化的规律与特点，学会心理保健的方法和进行自我调节的方法，学会自觉调控情绪和自我完善，从而帮助大学生形成健康向上的传媒文化心理。

（三）重视大学生媒介素养培养

媒介素养培养是由英国学者于 20 世纪 30 年代最先提出的，当时英国学者提出的是“文化素养”的概念，目的是维护传统价值观念和精英文化，反对以电影等大众传媒为载体的流行文化。经过几十年的发展，学者们对于其定义和内涵的描述尚未统一。但是，几乎所有学者都认同媒介素养是一种“能力”，是在信息化时代背景下，“地球村”的“村民”所必须具备的一种基本素质。传媒文化所引发的大学生心理健康问题，很多是源于大学生缺少这种媒介素养能力。

大学生媒介素养培养的目的具体来说有以下三个方面：首先，要帮助大学生正确认知媒介，包括媒介性质、功能以及媒介与社会政治、经济、文化等诸多因素互动关系的正确评价，使其理智地辨别媒介环境和现实环境，了解传媒内部运行机制对信息生产、加工和传播活动的制约，等等；其次，要帮助大学生成为自主、积极的媒介使用者，以及对传媒文化中的负面影响的自觉“抵御者”，使其能积极主动地使用媒介，而不被其控制；最后，要培养大学生运用媒介，有效地创造和传播信息的能力。这样，“使大学生能利用媒介很好地为个人生活、学习和个人成长服务，能主动地、有效地利用媒介，从而促进个性的发展和个人心理素质的提高。”

第三节　休闲文化对大学生心理健康的影响

一、休闲文化对大学生心理健康的正面影响

休闲既是一种生活方式，更是一种文化存在。休闲文化是人们品味人生、享受人生的文化，这种人们在对人生的体验和感悟中逐渐发展起来的文化形态必然会给大学生的身心健康带来正面影响。

（一）休闲文化对大学生心理与人格的熏陶作用

在人格形成和发展过程中，除了个体自身内在的因素，外界环境也起着极为重要的作用。众所周知，休闲是改善身心的过程，它可以促进人的身心发展。在休闲过程中形成并发展起来的休闲文化与休闲文化环境，也在潜移默化中对完善大学生的心理和人格模式起着必不可少的作用。从文化的渊源上说，中国人深受老庄哲学和禅宗思维方式的影响，喜爱淡泊明志、宁静致远的生命状态。所以，

在我国古代的休闲文化中，人们最崇尚自我心境与天地自然的交流与融合，推崇静观、独处等宁静的状态，以达到修身养性、提升人格的目的。随着时代的发展，现代大学生的休闲活动已经呈现出越来越多的内容和形式。如果说中国传统的休闲以静态为主，那么现代休闲则是静态与动态相结合，人们的休闲视野更加开阔，休闲方式也更加丰富。可是，无论休闲的形式发生怎样的变化，休闲所营造的文化氛围将始终影响着人们的心理状态和个体人格的塑造。有无数的事实可以证明：在竞技场里磨炼的人，具备的是渴望参与、追求公平、不惧竞争的心理和人格特征；积极参加集体活动、人际关系良好的人，拥有的是开朗热情、宽容豁达和自信机敏的心理状态和人格特征。可见，在不同的休闲文化和休闲环境中，人们会形成不同的心理和人格状况，先进的、高雅的休闲文化可对个体形成健康的心理和完善的人格产生积极作用，落后的、低俗的休闲文化则会产生消极作用。

休闲活动是个体依照其意愿自主参与的、不受约束与控制的活动。在这种自主进行的休闲活动中，人们会感到摆脱了束缚、获得了自由，因而容易产生心理的满足，如成就感、好奇心、自我肯定等。近年来，随着休闲越来越成为人们生活中不可缺少的一部分，人们对休闲有了更加广泛的关注。特别是在休闲咨询和休闲服务领域，许多旨在促进个人身心健康的各种各样的休闲疗法被开发出来，如艺术疗法、音乐疗法、娱乐疗法、诗歌疗法、舞蹈疗法等。越来越多的人，包括许多学者和医生，都相信休闲对心理的益处不仅广泛存在，而且可以直接为人们所利用。来自休闲活动的心理益处是不胜枚举的，包括自由感、独立感、自治感，提高自我意识、认识自我价值、增强自信心和理解力，提高创造力、表达力和道德感悟力，提高对环境的适应力和自我调节能力，等等。这些都是休闲活动所带来的益处。当大学生在学习、工作之余投入到这些活动中时，他们就会真切地体会到休闲给自身的心理健康所带来的不同方面的正面影响。

（二）休闲文化对大学生不良情绪的调节作用

在大学生活中，学生时常会因为学习、工作或人际关系等各种因素而产生焦虑、急躁、悲观等消极的情绪，这些不良情绪若得不到及时的调节，长期积累下来就会导致其心理疾病，从而严重地影响到大学生的心理健康。所以当某种事情影响到人们的情绪时，最好的办法就是参与一些积极的休闲活动，从而不断向大脑输送愉快的信息，建立愉快的信息优势中心，并有效地抵御不愉快的信息输入。

休闲文化对不良情绪的调节作用主要通过两个途径得以实现：一是个体的自我调节，二是人际协调。自我调节就是当人们在受到不良情绪的影响时，喜欢外出散心，在欣赏景色的过程中感悟人生，以获得审美的愉悦，启发新的思考。例如，在休闲的过程中，在休闲文化的熏陶和感染下，人们可以领略到“人闲桂花落，夜静春山空”(《鸟鸣涧》)那种幽静、空灵的美景和恬淡、和谐的情趣，从而使精神顿觉清爽、焦虑烦躁顿时消除，这时一切不良情绪都会在这种情境中获得抚慰和平衡。人际调节则是指通过休闲过程中的人际交往而对不良情绪进行调节和消解；在休闲过程中人们之间总会结成一定的人际关系，这种人际关系不同于平时的同学关系、师生关系或同事关系，它只是在闲暇过程中结成的一种没有利益冲突和竞争的同伴关系。因而，在这种轻松、愉悦的休闲文化氛围中，人们更容易敞开心扉，袒露心声，而不必有太多顾虑，人们可以向同伴尽情倾诉自己的不满与压力，可以释放长久以来郁积在心里的消极情绪。

休闲与每个人生命质量的高低密切相关，有思想、有品位的休闲更能够治愈现代人类精神与心理上的疾患。据有关专家分析，在当今物质生活逐渐富裕起来的情况下，人们的心理问题却大量出现，其主要原因是竞争的日益激烈、失业的威胁、信息爆炸、冲突的增加等，而其实质就在于人的文化精神的失落和人对生命意义的漠视。西方学者在休闲研究中强调休闲的价值在于：衡量人类进步的标准和人类生存的真正目的。也就是说，休闲的价值不仅在于放松、减压、娱乐等较为肤浅的层面，而其更深层的价值在于对人类生存与生命意义的思考。休闲是个体通过自我认识和完善而获得自由并发现意义的渐进过程，休闲文化的最终目的是引发人们对于生命价值与意义的思考。休闲文化会把人们带入一种新的境界，在那里人们可获得心灵的愉悦与安宁，其心理会摆脱沉重的枷锁和束缚，世俗的纷争与烦扰会被驱逐在外，人们会返回到健康、平和、美好的状态。于是吃喝、玩乐、享受的快感开始变得模糊，而人们对自我价值、自我实现的思考将逐渐清晰，究竟什么是生命的价值与意义、如何实现生命的价值与意义这一系列深层次的问题将会得到探究和分析。

（三）休闲文化对大学生精神和情感的陶冶作用

休闲文化发端于物质文明，物质文明又为休闲提供了条件，促进了人们对精神文化的不懈追求。无论在东方或是西方，人们都十分注重休闲文化对精神和情感的陶冶作用。在英国，人们会在闲暇时间参观各种类型的博物馆，徜徉在知识的海洋里，感受人类文明的浸染和哺育。在俄罗斯，人们则把观看歌剧和芭蕾舞剧看作感受休闲文化熏陶和提升审美观念的重要途径。在中国，人们习惯于把休闲时间用于游历名山大川或是参与体育活动，从而会不自觉地继承中国传统的文化审美心态，并将这种意识融入人们对人生境界的演绎中去。大学生作为当前社会中最活跃的群体，也是最需要进步的群体，在越来越多的人认识到知识文化与精神文化并重的时候，那种死读书、读死书的观念早已被抛弃，取而代之的是对休闲与休闲文化的认同与追求。不可否认，当人们在进行休闲活动时，休闲文化往往会以渗透、感染、熏陶等方式潜移默化地对人们的情感和精神产生影响，可能是一种情感上的深化，也可能是一种精神上的激励，而无论是以什么样的形式，休闲文化都以休闲的方式对人类精神与心灵进行熏染，是人类灵魂的驿站。许多学者称休闲是一种个体“成为人”的过程，这强调了休闲对人的社会化所起的重要作用。休闲文化是伴随着休闲的产生而出现的文化形式，它在对人的社会化产生整合作用的同时，也对人起到了一种塑造作用。当然，这种社会化塑造功能，并不抹杀也无法抹杀人的个性化发展。在我国社会经济飞速发展的条件下，休闲文化可使人们对在越发工业化、机械化的现实中无法表达的情怀和感受加以喘息和释放，人们在放松身心的过程中能够寻找新的价值、意义和感动。对于大学生来说，在人生发展的阶段中，他们正处于生活适应于心理发展的关键时期，不仅在心理方面面临着剧烈的转变，同时还要承受来自社会、学校、家庭等各个方面的压力，因此，他们进行科学的休闲活动显得十分必要，这会对他们的身心健康产生诸多正面的影响。事实证明，在良好的休闲文化氛围中生活的学生，在性格上更加积极乐观、情绪上更加趋向稳定、人际关系上更加丰富和谐；在不良的休闲文化氛围中生活的学生则恰好相反，他们往往在性格上更加冷漠孤僻，在情绪上容易起伏和波动，在人际关系方面更加紧张。由此可见，休闲文化对大学生心理的塑造作用十分明显。倡导要充分发挥休闲文化对人的塑造作用，其实就是要用这种文化去丰富人们的感情世界，坚定他们对于真、善、美的信念和追求，从而使他们在休闲文化的熏陶中形成一种高尚与美好的气质。

（四）休闲文化对大学生人际关系的促进作用

马克思高度评价了有广泛需要的人是“完整的和全面的人”，全面的人需要具有“尽可能丰富的属性和联系”。实际上，在许多休闲活动中，与他人共处并交往是个体丰富人际关系的途径，也是人们获得快乐的源泉。事实证明，心理健康的学生往往具有良好的人际关系，而心理健康出现问题的学生，有很多人会由于人际关系紧张而出现自闭、冷漠、孤僻的现象。对于大学生来讲，许多休闲行为都会为他们提供社会化的机会。生活中的许多事例表明，自由时间可使得人们发现并认识许多新朋友，因而学生必然会与其他人产生这样或那样的联系，因此他们也就必然会有沟通和交流。在这种休闲文化的氛围中，人们可以拓宽视野、结交朋友，这为其改善自身的人际关系提供了良好的机会。在新的群体中，这些情感联系既表现在人们彼此之间的信任和相互往来上，也表现在一种模式化了的、富有表现性的休闲活动上。具有丰富而和谐的人际关系是人自由全面发展的一个重要表现，也是大学生心理健康的一个重要标准。在休闲的过程中，人际关系的建立与调整都会受到休闲文化深刻而长久的影响。

二、休闲文化对大学生心理健康的负面影响

（一）休闲文化容易导致大学生出现过度消费行为

在闲暇时间内，人们的一个共同反应就是休闲需求。休闲是人的基本需要之一。休闲需要的满足具有不同的形式和手段，它既可以通过消费支出形式实现，如逛街购物等，也可以通过其他形式得以实现，如绘画、散步、棋牌活动等。随着我国经济的飞速发展，人们的收入水平不断提高，休闲消费已经成为一种时尚，甚至可以说是一种潮流。相关人员在调查中发现，逛街购物、唱 KTV 这些活动已经成为大学生主要的休闲活动类型。可见，休闲消费作为一种典型的休闲方式已经从所谓的“有产阶级”专属扩展到了大学生这个群体，并且对大学生产生了极大的影响。现代广播电视和大众传媒的发展更使得商品的“符号价值”发挥到了极致，广告通过华丽奇异的景象刺激了人们的感官，调动了人们内心的欲望，于是，越来越多的大学生也开始追求品牌、时尚，追求心理的满足和感官的享受，这无形之中就形成了一种相互追赶的盲目攀比的心态和过度消费的风气。休闲本来应该有浓厚的精神旨趣，然而时下许多大学生的休闲动机却是物质性的，其主题就是吃、喝、玩、乐。休闲如果缺乏精神上的内涵而完全陷入物质上的满足，

那么当生活富足、终于不再为填饱肚子而发愁时，大学生在休闲中便只能寻欢作乐、纵情声色。这样一来，道德堕落和纵欲无度的颓废心理终将毁掉原本极有前程的人。

由于我国对大学生休闲教育的重视不够，再加上传统、陈旧的休闲观念的影响，许多大学生对休闲文化的认识与理解存在偏差。在消极的休闲文化的影响之下，他们不能科学合理地利用休闲时间进行有利的休闲活动，最终反而因为休闲给身心健康带来负面影响。大学生对休闲文化认知的偏差主要表现在以下三个方面：其一，休闲就是睡觉。许多大学生认为休闲是为了消除肉体的疲惫状态、恢复良好的身体机能而进行的活动，这种看法本身没有什么错。但是，有的大学生认为最好的休闲方式就是睡觉，因为睡觉是恢复精力的最有效、最简便的方式，所以他们一有时间就会选择睡懒觉。其实，这是一种错误的观念。应该说，睡觉是休闲的一种方式，但睡懒觉与休闲相去甚远。睡懒觉多了，不仅不会达到休闲的目的，反而会影响身心健康。其二，休闲就是享乐。有的大学生认为所谓休闲就是“吃喝玩乐”，只要在休闲的时间内就可以肆无忌惮地吃喝和享乐，他们会把大部分的时间用于打牌、喝酒、吃饭等活动上。他们认为这就是闲暇时间里该干的事，至于看书、作画、学习等都是与休闲毫不相关的内容。结果由于享乐过度，他们整天头脑昏昏沉沉，不仅没有很好地使自己放松，反而使自己身心俱疲，最终影响身心健康。其三，没有时间休闲。有的大学生仍然停留在最初的、早期的休闲理念上，认为休闲是富人的专利，没有钱就根本无法进行休闲。所以，许多人每天都埋头读书，没日没夜地学习，从来不参与休闲活动。这样一来，他们不但没能以最好的状态投入学习和工作中，同时也失去了发展身心的平台和空间，于是很多高校出现了很多大学生忙忙碌碌却学无所成的现象。

（二）休闲文化容易导致休闲娱乐中出现成瘾现象

休闲中的上瘾行为是指个体在个人生活中持久、频繁、反复发生的休闲行为，在一定意义上来说是一种心理疾病。休闲中主要的上瘾行为包括赌博、吃喝、上网、看电视、玩电脑游戏等。如果休闲行为本身所产生的快感可以让人们沉浸其中，甚至出现上瘾的现象，这就和使用药物、酒精等其他上瘾行为一样，会使其丧失时间感，反复循环，导致其最后失去自制力而陷入无法自拔的境地。

如果一个人总是能够“由衷”地行动，并且，如果他在这样做的时候感到愉快，如果他认为自己所做的事情具有直觉上的价值并能为自己提供信念的基础，那么，他就一定能够培养出自己的鉴赏力、兴趣，继而培养出技能并寻找到机遇。缺乏鉴赏力和兴趣的人可能会对世界构成威胁，但最大的不幸可能会在这个时候出现：一个人已经培养出了某种休闲鉴赏力和兴趣，但是他没有相应的资源和技能去深化它们。就像大学生这个群体，他们也许有着许多高品位、高质量的休闲计划，但是受自身经济条件或其他条件的限制，他们只能选择最普通的、最低层次的休闲活动。休闲资源包括很多内容，主要有自然与环境资源、历史资源、基础设施、文化知识等几个方面。大学校园是大学生生活的主要空间，受资金、地域、空间等各种条件的限制，休闲资源并不是十分充足，特别是在一些办学条件较差的学校中，这种情况更加严重。因此，休闲技能与休闲资源的缺乏是阻碍大学生参与高雅休闲活动、进一步提升自己的重要原因，而且在这样的校园里成长起来的休闲文化必然不能满足大学生自我发展的需要。

（三）休闲文化可能使大学生在休闲过程中产生负面情绪

由于休闲活动有不同的层次之分，越是处于高层次的休闲活动就越能够促进人们身心的健康发展，而越是处于低层次的休闲活动则越可能对人们的身心健康起到阻碍作用。大学生可能会陷入一种自相矛盾的局面之中：在工作中，他们会凭借自己高超的技艺去迎接挑战，因此他们会感到快乐、有价值、充满创造力并获得满足感；在自由支配的时间里，他们觉得基本上没有什么事好做，于是感到无聊、懒散、单调乏味、不满意。这样一来，休闲似乎又成为人们消极逃避现实、无所事事的罪魁祸首。其实，休闲本来就是客观存在的一种生存方式，在休闲的过程中人们是否有所收获不在于休闲本身，而在于人们对休闲的认识、看法和态度，以及人们对于闲暇时间的利用方式。在此过程中，积极的休闲文化对人们的情绪会起到良好的调节作用，消极的休闲文化则会使得人们的情绪向更加不利于身心健康的方向发展。

当前，休闲文化的低层化也是导致休闲文化对大学生心理健康产生负面影响的一个重要原因。大学生休闲文化的低层化主要表现在三个方面：一是休闲观念的低层化。当前大学生群体的休闲文化生活方式主要是上网、看影视、逛街购物等，其休闲的质量不尽如人意，远远没有达到促进精神文明建设和人的素养提高这一层次。二是休闲技能的低层化。对于许多高雅的休闲活动，如果个体没有一定的技能和鉴赏力是不能享受其中乐趣的，也就是说如果人们缺乏相应的休闲技能，那么他们将无法从休闲活动中受益。应试教育下成长起来的大学生，其综合素质，特别是人文、才艺方面着实比较薄弱。因此，由于缺少相应的休闲技能，不少大学生只能享有较低层次的休闲活动，而无法参与更高层次的休闲活动。三是休闲品位的低层化。绝大多数的大学生平时几乎没有理智地、自觉地、主动地考虑过自己的休闲生活，许多人的休闲生活基本上还处于一种自发的状态，具有很大的临时性和随意性。此外，落后的休闲观念的影响和休闲技能匮乏、休闲场所的制约等因素，使得大学生群体的休闲品位呈现低层化的状态，他们主要以娱乐性的休闲活动为主，发展性的休闲活动则相对少得多。随着社会经济的不断进步、科学技术的迅猛发展、生活节奏的不断加快，人们的生存压力也空前增大，因此，寻找一种科学、文明、健康的生活方式便显得格外重要。

休闲文化是随着休闲生活的不断发展和丰富而形成的一种特殊的文化形态，它往往以渗透、感染、融合等形式影响着人们的心理和行为，从而直接关系到人的生活方式和生命质量。当代大学生正处于我国社会的转型时期，理想与现实的矛盾、传统与现代的冲突、压力与竞争的撞击、就业与前途的迷茫如一片浓黑的乌云压在他们的身上。在这样的情况下，由大学生心理问题而引发的校园悲剧频频发生。深入分析可知，大学生心理问题出现的一个重要原因就是其精神世界单薄与贫瘠。休闲的作用是缓解压力、放松身心，促进人的全面发展。因此，高校要引导大学生树立正确的休闲观念、选择健康的休闲活动方式，用高雅的休闲文化去感染和激发他们。高雅而文明的休闲文化能够陶冶人的性情，磨炼人的意志，给人以精神上的享受，是促进大学生身心健康和全面发展的精神依托。

三、休闲文化对大学生心理健康不良影响的调适

（一）增强大学生休闲教育

早在20世纪初，美国联邦教育局就将休闲教育列为培养青少年的一条中心原则，将休闲教育作为引导青少年正确树立价值观的重要途径，并指出休闲教育的目标是培养学生判断休闲行为价值的能力、选择和评估休闲活动的能力、决定个体目标和休闲行为标准的能力、合理利用闲暇时间重要性的理解能力等。休闲

教育不仅对培养学生正确的休闲观念和休闲行为有着极大的帮助，而且对培育积极的休闲文化及其心理也起着重要的作用。

加强大学生休闲教育，有利于培养大学生科学的休闲意识。作为现代大学生健康、活力生活的表征，科学的休闲意识绝非个体通过先天的承继、自然的演化即可获得，后天的习得在科学的休闲意识的培养方面发挥着更为重要的作用。教育对个体的塑造作用，也绝非现代社会意识的产物。早在古典时期，人类思想的先哲们已经从多种维度对教育的重要意义展开过阐述。古希腊著名的哲学家柏拉图在其代表性著作《理想国》和《法律篇》中已经阐述了教育的分类及其重要意义。更令人欣喜的是，柏拉图在总结古希腊教育经验的时候，提出了一个以体育和音乐为中心的逐级淘汰的宝塔式的教育体系。当然，柏拉图意义上的教育实际上包括文化、艺术、政治理论和科学知识等方面，体育也不仅仅是现代意义上的竞技训练，而是包括衣食住方面适应环境能力的训练。但是撇开柏拉图思想落实为实践操作时的极权主义危险，在具体的指导思想方面，柏拉图关于教育的内容无疑与现代社会所倡导的素质教育具有相当的耦合性，并具有一定的指导意义。

在现代性的语境中，美国可以说是世界上最早重视休闲研究的国家，也是最早主张休闲教育的国家。休闲教育是培养大学生休闲文化素养的理想途径。所有这些研究休闲教育的成果，为人们从理论上厘清其概念、在制度上践行其机理提供了很好的启示作用。应该说，科学的休闲是要有一定的文化素养的，高水平的教育是科学休闲的前提条件。休闲并不仅仅是娱乐，它有别于一般意义上的娱乐活动；休闲有时呈现出一种自我超越的状态。正是在休闲中，人的潜能得以发挥，人的价值得以体现，人的自我完善得以更加符合社会规范。休闲绝非常识意义上的玩世不恭、贪图享乐，而是具有深刻学理内容和意义的一个学术概念。当前，由于意识的欠缺，我国的大学生虽然一直处于玩乐的状态，但是其生活行为和品质很难够得上休闲的层次。休闲及其活动需要个体具备较高的个人修养、相应的综合素质和相关的技能等。所以，必须加强大学生休闲教育，帮助大学生树立科学的休闲意识。

当前，还有相当一部分大学生的休闲意识仍然十分落后，或者说他们尚未完全理解和懂得现代社会休闲的真正内涵。选择休闲活动方式固然是个人的自由，但人们往往狭隘地抱住个人休闲生活“自由行”的观点片面地将其理解为随心所欲、为所欲为；或是使自己的业余生活处在得过且过、无所事事的消极状态里。因此，要提高大学生休闲生活的质量，就必须加强对大学生的休闲教育，培养大学生科学的休闲意识。正确的休闲意识是搞好休闲教育的前提，是大学生身心素质获得全面发展的关键，休闲教育的重点在于让学生意识到休闲是生活中的重要组成部分，要让他们明确自我休闲意识的意义以及正确理解劳动、学习及休闲之间的辩证关系。大学生的学习只有变成了雅事、乐事，才会有真正的愉快教育；只有让学习成为学生一生的兴趣，才会有真正的终身教育、创造性教育。

（二）用积极的休闲文化感染大学生

人若要达到最完满的境界，则需要超越有限以达到无限的自由。席勒认为这就是人身上的第三种冲动，即“游戏冲动”。“游戏冲动”的深层内涵是指不受强迫和限制的自由活动，既超越了感性欲望的限制，又超越了理性法则的限制，达到一种自由的境界。

大学生参与休闲活动的因素是个性化、多样化的，参与休闲有助于大学生强化主动性和创造性，也有助于其独立自主、自力更生等精神品质的形成，还可以帮助他们提高交际能力、提高审美意识、开阔眼界和增长知识等。最近100年中，休闲对于人类社会的重要性不断提高，不仅人们可支配的自由时间大大增加，而且休闲活动项目和服务在质和量方面都有了较大增长；休闲不仅改变了个体价值取向，还成为推动人们积极向上、追求进步、超越自我的一种无形的动力。

在对大学生休闲生活状况的调查中可以发现，仍然有一部分大学生在休闲的过程中会感到容易沉迷于娱乐，容易产生逃避现实的想法，其情绪容易低落。其实，出现这些情况的一个重要原因就是大学生在休闲过程中不能正确认识到休闲的作用与意义，不能科学地把握休闲的方式与时间安排，而把它仅仅当作一种消磨时间的工具，从而在毫无计划、毫无目的的情况下无节制地进行休闲，导致休闲生活质量低下，最终不利于身心的健康发展。因此，注重开展休闲教育、培养大学生的休闲能力将有助于大学生更加从容、更加有效地参与休闲活动，这不但有利于高校提高大学生的休闲品位，更重要的是能够使高校形成一种积极的休闲文化氛围。在这种积极的休闲文化氛围和文化环境中，大学生更容易受到感染和熏陶，这也更容易激发大学生的进取心和上进心。

休闲文化对大学生的感染作用和激发作用不是抽象的，而是以观念、行为、活动方式等为影响渠道。通常情况下，休闲文化对群体的影响往往是以社会阶层、年龄阶层或是心理阶层为范围进行划分的，所谓“物以类聚，人以群分”也就是这个意思。不同的休闲文化氛围会对人们的休闲心理和休闲行为产生直接的影响。人们生活在社会之中，免不了会受到周围事物和环境的感染作用，“孟母三迁”就是一个典型的例子。同样，在大学生的休闲过程中，加强休闲教育，营造一种积极的休闲文化氛围和环境，让大学生在耳濡目染中受到感染和启发，真正从内心去接受那些积极的事物，这样才能从根本上解决问题。特别是要有效消减休闲文化给大学生带来的不良的心理影响，这就需要高校加强休闲教育，用积极的休闲文化去带领大学生走出消极心理的困境，用美好的事物去激发大学生内心的真实的感情，从而站在促进人的全面发展的制高点去带动大学生的上进心和进取意识，这样他们才能有效抵制消极情绪和不良心理的蔓延。

（三）提高大学生的休闲技能

到了21世纪，不但休闲娱乐是学习，而且学习也将成为一种休闲和娱乐。这不仅是因为人们通过学习可以体会到自我提升的满足，而且还因为在学习的过程中获得新知的感受本身就能给人们带来极大的乐趣。因此，为了避免大学生在低俗的休闲文化中受到消极影响，加强大学生的休闲教育、提高大学生的休闲技能则显得十分必要。其实，休闲并不是简单地打发无聊时间，休闲也需要储备一定的知识和技能，在休闲活动中，掌握休闲技能的人更能够体会到休闲的乐趣和感受到休闲带来的快乐。由此可见，要通过休闲文化来影响大学生的心理健康，高校必须加强大学生休闲教育，并通过休闲教育来培养大学生的休闲技能和鉴赏能力，以促使大学生更多地参与那些有利于身心健康的休闲活动。

休闲技能从广义上讲主要包括休闲评价能力、休闲选择能力、休闲鉴赏能力和休闲专业技能等，对于一些休闲活动，个体如果没有一定的技能是体会不到其中的乐趣的。如歌剧、音乐、绘画、书法、芭蕾等高层次的休闲文化活动，大学生只有反复地学习与接触才能够领略其中的奥妙。休闲教育要提供的也并不单单是一种模仿性的技能，它更重要的意义在于引导大学生去发现休闲的价值和真谛，使大学生掌握休闲知识，以提高大学生的休闲能力，从而使大学生在休闲过程中能够自如地发挥自己的技能，自由地去创造、去开拓属于自己的领域和空间，这样才能够发挥休闲的终极作用，即人的自由全面发展。

第四节　大众文化对大学生心理健康的影响

一、大众文化的界定与特点

（一）大众文化的界定

大众文化是一个既区别于主流文化、精英文化，又区别于通俗文化、民间文化、市井文化的学术概念。作为一个学术概念，大众文化在西方学术界有 mass culture 和 popular culture 的争论，在中国学术界有对“大众”一词范畴的讨论。大众文化是萌芽于工业时代、成长于信息时代、以传播技术为手段、以市场为导向和依归、以文化为载体、源于社会大众的日常生活，可迎合、带动大众的趣味，可通过生产、宣传、流通，使之成为社会大众接受、参与的精神、文化产品。它是相对于主流文化、精英文化而存在的。

（二）大众文化的特点

1. 大众性

大众性，顾名思义，是指从大众中来、到大众中去的一种文化形式，它直接对应日常生活的、世俗的、大众的文化。社会大众是一种在参与过程中意义不断生成和变化的文化，不同的大众对于同一文化作品会产生不同的理解，从而产生不同的文化意义。它是大众文化的直接的消费者、接受者，因而大众文化是一种受众最广泛的共享文化，它被各个阶层、不同年龄、不同领域的大众所广泛接受，并可渗透到大众的日常生活中。

2. 商业性

商业性指大众文化有别于主流文化的一个因素，是政府操控的力度的大小，其有别于精英文化的一个因素是受众的规模。大众文化由于政府操控力度的相对较小，其运作发展是按市场经济规律来进行的，它的生产、推介、流通以商业利润为目的。因而政府必须不断地研究大众的需要，投大众所好，只有得到更多受众的喜爱，才能获取更多的经济利益。于是，对一种大众文化产品推出前的宣传途径、投入，以及产品推出后的利润进行预期，是一种商业运作。在大众基数不断扩大的情况下，大众对文化的需求也千差万别。例如，“青春偶像”的定位与宣传，就是针对青少年审美观还未成熟、喜欢模仿、从众的特点，打造或青春时尚或前卫或叛逆的形象，使青少年容易接受而变成追随者，从而获得长期的商业利益。

3. 娱乐性

从20世纪80年代始，中国大陆大众文化的勃兴，一方面反映了中国改革开放程度的加深、外来文化的输入；另一方面，反映了中国大众物质生活水平的提高，带动了对精神文化的需求。就大众来说，对精神文化的需求更多的是对娱乐的需求。在城市，日益紧张的工作、日益激烈的竞争，使都市人寻求放松、休闲与娱乐；在农村，出于对城市生活的窥视、对潮流的追随与自身的娱乐需求，人们需要大量的文化产品。

4. 导向性

导向性，是从引领社会发展而言的。大众文化的导向性有两个方面。一是生活潮流导向。大众文化从其作品形式、内容看，具有时尚的特点。例如，饮食、服装、发型、化妆品、首饰等，它们总有一个个的潮流，这些潮流是某些所谓的设计师设计、媒体推介而来的。基于商业前景的需要，文化传播者会利用人们的审美意识的差别进行培养，进行审美意识导向。二是人生观导向，大众文化以其数量的巨大和日常性，成为大众日常生活中无法回避的一部分，大众文化产品所宣扬的人生观，潜移默化地影响着大众的思想，可使大众的总体思想产生变化。

二、大众文化对大学生心理健康的正面影响

文化的功能是其本质的现实展开，是对人的影响效果。当代中国大众文化在其本质展开的过程中发挥了巨大的积极作用。随着经济体制的转型和经济全球化的深入，原有的秩序与平衡被打破，新的秩序与平衡又没有建立或没有完善，心态不平、情绪紧张、烦恼忧愁、躁动不安成为一种普遍的社会心态。通过大众文化的文化参与、文化接受和意义沟通，人们能够宣泄情绪、安抚痛楚、消除忧虑、平衡心态、松弛紧张、缓解冲突、保持自我，在这些方面大众文化起了积极的作用。

大众文化虽然有其局限性，但它对于大学生的心理健康和生活的正面影响也

不容小觑，对大学生更加有韧性地面对社会问题有其积极的意义。当前，高度发达的现代传媒推动着日趋繁荣的大众文化，为大学生创造了一个前所未有的成长空间。大众文化是大学生学习生活中不可缺少的一部分，也是其社会化的一部分；大众文化既能丰富大学生的文化生活，又能培养他们开放的心态和民主意识，特别是对于大学生心理的成熟方面有正面的影响。

一是大众文化可丰富大学生的文化生活，赋予大学生开放的思维空间和多样的生活色彩。由于大众文化数量巨大、足够日常和生活化，它能给大学生的日常生活、娱乐提供多方面的选择。从相关调查中可以看出，手机、网络生活、各种类型和题材的影视剧、各种中外音乐，构筑了大学生丰富多彩的大学生活。大众文化改变了过去高校只有主流文化、精英文化一统校园的格局，以其丰富性、娱乐性、平等性给大学生带来了快乐，也易于为大学生所接受和效仿，打破了传统意义上的精英文化和大众文化的等级限制，任何人都可以通过大众传媒平等地消费文化成果，为大学生提供了更广阔的生活和思维空间；信息化生活已成为当代大学生所追求的时尚，特别是网络信息文化的出现，在更大程度上拓宽了大学生的信息获得渠道，使大学生开阔了视野，增长了见识。

二是大众文化可培养大学生开放的心态和民主意识，赋予大学生积极的主体意识和个性化精神。大众文化的张扬个性、解放思想、平等民主等特征对于个性的培养具有重要的作用，有利于大学生追求个性解放、彰显自我，丰富和满足其精神文化需要。在全球化的背景下，大学生通过大众文化分享全世界不同的文化成果，能逐步形成现代化的开放心态和民主意识。当代大学生是在一个自由、开放、宽松的社会环境中成长起来的。大众文化以消解神圣、张扬个性、强调自我的姿态为大学生所认可和接受，个体的自由与发展是当代大学生的主要目标，“自己就是自己”是这一代人的生活逻辑；大学生有自己的运动、时尚和娱乐，有自己的语言和表达方式；大学生的自我和个性得到前所未有的彰显，自主、自立、自信、自强是大学生具有时代特色的理性精神。

三是大众文化可有效地缓解大学生的精神压力。大众文化以娱乐消遣为主要方式，可极大地缓解大学生由于学习、生活的竞争带来的各种压力。虽然人们对大众文化的评价褒贬不一，且甚有批判之意，但对于大学生而言，他们还是能够感受到大众文化可以其为大众所青睐的表现形式缓解自身精神和心理上的压力。

四是大众文化对于大学生正确的世界观、价值观、人生观的形成有着积极的意义。大学生通过对大众文化与校园文化，特别是精英文化进行对比、分析、判断，可以从中获得深刻的认识，从而加深自己对社会的了解以及对校园文化的理解，从而使自己对整个世界及人与世界关系的总的看法和根本观点发生变化。正确的、科学的世界观可以为大学生认识世界和改造世界的活动提供正确的方法，错误的世界观则会导致大学生的实践活动出现方法上的失误。

对于大学生来讲，其世界观如何，直接反映了教育的成效，关系着中国的未来。价值观是文化的核心层面，它的变化更能代表大学生文化的发展轨迹，也可体现大众文化对大学生的影响。大学生正处于人生观趋向定型的时期，他们对命运的看法、对人生的态度、对待挫折的心态，反映了他们的人生观。人生观是关于人生目的、态度、价值和理想的根本观点，它主要回答什么是人生、人生的意义、怎样实现人生的价值等问题。无产阶级的人生观是革命的、科学的人生观，它与历史上一切剥削阶级的人生观根本对立。无产阶级人生观的特点是集体主义，一切为了无产阶级和人民群众的集体利益，把大公无私、舍己为人、全心全意为人民服务视为人生的根本意义和价值，把实现社会主义和共产主义理想视为人生最高的目标。

三、大众文化对大学生心理健康的负面影响

大学生的年龄结构、知识结构、心理特点、活动状态以及大众文化的商业性、娱乐性，使大众文化迎合了人的趣味，尤其是迎合了大学生的心理；其传播途径的多样性与复制性，使大众文化易于泛滥，并使其影响力无限膨胀，从而对大学生的心理健康造成了不可忽视的负面影响。

大众文化对现代大学生的心理行为剥夺，表现在生理、心理和行为方面。①生理感觉剥夺，即感觉剥夺（sensory deprivation），是实验心理学的专业词汇。②心理感觉剥夺，即大众文化在市场经济条件下不仅能把人的生理感官调动到极致，同时也能让人的审美世界乾坤颠倒。文化的娱乐性功能得以空前强化，满足大众精神需求的文化艺术品已经丧失了个性和特殊性，成为赚钱的商品。③行为方式剥夺，即个体行为不受自己控制的形态，由传统的需要决定消费转变到市场引导消费。

大众媒体不断变换花样，推陈出新，吸引眼球，以主流时尚引领大众，尤其针对大学生群体。大学生大众文化的消费主义观念解构了传统观念中的节俭思想，这使满眼充斥着诱惑而又很难依靠自身的收入来满足消费需求的大学生群体，在消费时尚的引导下开始体验丧失心理。

而大众文化环境下日益个人化的娱乐方式、虚拟化的交往手段、功利化的人际关系严重阻碍了大学生青年期心路历程的展开，导致大学生群体出现不同程度的“心理发育不全”，进而制约着其个性心理的形成。

进入大学，大学生本可以在更大的活动空间和更多的人际交往中继续展开心路历程中那些至关重要的活动，构筑自己独特的心理平台，而大众文化却以其虚拟化的巅峰体验（如网络游戏）、浅表化的人际交往（如在线聊天）、迎合性的情感宣泄（如低俗文学）等误导着大学生的心路历程，在某些人热衷于“装嫩”“发嗲”“炫酷”的表象之下，潜伏着因为心路历程的过度平顺而导致的情感抵抗能力下降、过度内向封闭、挫折行为反应剧烈等心理隐患，这是大学生心理成熟发展的重要制约因素。同时，还有大学生仍然停留在应试教育之中，死记硬背，文学阅读少，心理体验较为肤浅。大学生由此远离了经典、原著，无法吸收文学作品中丰富的营养，与主流价值的社会教化和传统审美的精神主导拉开了距离，情感容易苍白，体验感觉肤浅。

四、大众文化对大学生心理健康不良影响的调适

（一）培养大学生对大众文化的辨识能力

培养大学生对大众文化的辨别能力对大学生提出了较高的要求。大学生是社会主义建设的接班人，大学生的素质如何关系到社会主义事业的发展。高校的根本任务是教育人、培养人、发展人，肩负着为构建社会主义和谐社会提供有力的人才支持的历史使命。所以，大学生必须具备一定的对大众文化的辨别能力。

文化的作用和意义在于能反映社会存在，并且能对社会产生重大影响，这种影响形成了文化的社会功能。文化的功能除娱乐、消遣之外，更主要的是教育、审美和认识，它要求文化作品能够向大学生提供美学的意义和高尚的精神，给大学生以美的追求和健康发展。因此，在大学培养人的过程中，文化建设是一个极

其重要的方面。大学生具备高水平的欣赏与辨别文化的能力，是其成长的必然要求；大学生要懂得运用辩证唯物主义去分析文化问题，从而提高自身对文化分析、文化选择的能力。

（二）用先进校园文化指引大众文化

大学具有引领和提升大众文化发展的责任和功能。提升大众文化的社会责任感，要处理好经济效益和社会效益二者之间的关系，坚持做到“三贴近”，即贴近实际、贴近生活、贴近群众。大学要把民族的、科学的、先进的文化向社会传播，引领大众文化的发展方向，使全体国民保持积极的健康的精神状态；同时，大学还要通过其校园文化来澄清、过滤、疏导大众文化对大学生心理的影响，引导大学生正确分析和评价大众文化。高校要积极开展校园文化活动，把德育与智育、体育、美育有机结合起来，寓教育于文化活动之中，促进大学生思想道德素质、科学文化素质和健康素质协调发展。

当代大众文化不仅花样繁杂，而且传播广泛，无处不在。大众文化本身美丑杂陈、良莠不齐，既有高雅的艺术，也有普通民众喜闻乐见的文化桥段。其中的鲜活内容和新颖风格对充满青春朝气、求新求变求美求乐心理很强的当代大学生有着很强的吸引力。大众文化在大学校园有一定的生命力。大学为了最大限度地降低大众文化中消极因素对大学生心理的影响，必须通过先进的校园文化对大学生进行引导，以政治理论培养其思辨能力，以校园文化陶冶其欣赏能力，以人文素质提高其审美品位。

第五章　多元文化视域下的大学生心理健康教育的构建

“多元文化指的是社会当中存在的各种文化的总称。随着人类社会的发展，文化更新不断加快，出现了很多新的文化，造就了多元文化。”① 本章对多元文化视域下的大学生心理健康教育的构建进行了研究，阐述了多元文化视域下的大学生心理健康教育的构建，主要包括两个方面的内容，依次是多元文化视域下大学生心理健康教育的方法和路径、多元文化视域下大学生心理健康教育的评估和保障。

第一节　多元文化视域下大学生心理健康教育的方法和路径

一、多元文化环境下大学生心理健康教育的方法

（一）知识传授法

1. 设置心理健康教育课程

为大学生提供心理健康教育课程有助于他们学习心理健康知识，以及掌握必要的心理调适技能。高校制定心理健康教育课程意味着将心理健康教育融入学生的全面学习计划和纳入学校课程表中，并根据不同年级的学生进行相应的教学安排。心理健康教育课程主要着眼于促进心理健康的发展，其次关注预防心理健康

① 朱凯．多元文化融合视角下的大学生心理健康教育研究 [J]．中国民族博览，2021（8）：96-98.

问题。教师要通过引导学生进行情景化讨论，设立榜样，鼓励学生反思和改正，然后总结和加深讨论内容，激发学生学习潜力，提升其心理素质，并激发他们自我成长的动力和意愿。由于心理健康教育课程具有系统性、快速性、计划性、理论性的特点，学生可以在有限的时间内，掌握尽可能多的心理学常识，并可结合一定的理论对自我进行初步分析，具备初步的自我教育能力，这是目前各高校学生心理健康教育过程中普遍采取的主要方法。

各高校应将心理健康教育列入课程体系，包括在正式的教学计划中设置必修或选修课程。同时，高校要为这些课程提供相应的考核和学分，以确保它们能够顺利得到开设。高校应当支持现有教师团队根据不同高校学生的情况，编写适合各高校学生的心理健康教育课程内容和指导材料，以确保各高校学生能够受益于个性化的心理健康教育；需要设计一个遵循标准和科学原则的心理健康课程框架，考虑不同大学生的心理特点，编写具有独特之处的教学内容，内容应涵盖环境适应、人格培养、学习技巧强化、人际沟通与协作技巧、性心理知识、挫折处理、情绪管理和职业规划等方面的内容。所有学生都应该接受心理健康教育，并根据年级和专业开设不同的选修课程，比如人格心理学、交往心理学、人际关系心理学和恋爱心理学等，以满足他们不同的心理健康需求。

心理健康课程有别于一般的心理学理论课，因为它不只是传授心理学理论，更侧重于引导学生的实践行为。因此，在心理健康教育课程中，教师需要采用创新的教学方法，确保教学的有效性，注重理论与实践相结合，整合知识传授和心理素质培养，将心理健康教育与人生观教育结合起来。在课堂教学中，不仅要传授心理健康教育的基本理论，还要注重实践活动课程的训练方法。通过结合通俗易懂的理论讲解和生动有趣的活动实践，让学生直观地体验心理知识，并学会运用简单实用的心理技能，从而真正将心理健康教育付诸实践。

2. 开展心理健康专题讲座

开设心理健康教育课程是对大学生进行系统的心理健康教育，但这只是对大学生一个“面”的指导，仅仅如此还是不够的，教师还需要结合大学生生活中所处的具体环境、发生的具体事件及面临的一些共同困惑，给他们提供有针对性的指导。因此，举办各种心理健康讲座，进行有针对性的专题教育也是目前各高校经常采用且行之有效的方法。

各高校可以根据学生在不同时期、不同教育层次、不同专业的心理特点，通过专题讲座这一方式，有针对性地开展心理健康教育指导。例如，针对新生不适应环境、易产生失落感等，高校可以举办如何尽快适应大学生活的系列讲座；针对广大女大学生的心理特点和成长需要，高校可以开展专门的女性心理讲座等。高校还可针对存在心理隐患的特殊学生开展对症下药的专题心理教育，如针对边远贫困地区的学生开展战胜自卑心理、树立自信自强信念的专题训练；引导因语言差异或文化差异而易出现人际交往问题的学生学会正确地与其他学生交流交际；开导失恋学生走出心理阴影，帮助他们正确处理男女朋友之间的关系；等等。

除了给学生举办心理健康教育专题讲座，高校还应该积极向全校思政工作者、辅导员、班主任和学院管理人员提供心理健康专题培训，让他们了解不同学生的心理特点和心理健康状况，并帮助学生掌握应对一般心理问题的方法。为了充分发挥专题讲座的作用，在策划专题时，高校应当在学校心理健康教育指导中心的协调下，与学校心理健康教育工作者一起商讨，并邀请具有专业知识的心理教育专家提供建议，确保专题讲座更具针对性和教育效果。同时，专题讲座的开设形式应该比心理健康教育课程更加灵活多样，如高校可以通过讲座或专题讨论的形式进行教学，也可以由心理健康教育教师授课，还可以邀请专家担任讲师，或邀请学生分享经验。总之，要做到灵活变化开设形式，努力找到解决方案。

（二）个别咨询法

高校在实施心理健康教育时，需要将集体教育和个体教育有机结合起来。将心理健康教育纳入课程教学是集体教育的一部分，而设立心理咨询室为学生提供个别心理咨询辅导则是个别教育中最为典型的形式。大量的心理健康教育实践表明，在高校心理健康教育领域，个别心理咨询辅导扮演着重要的角色并承担着重要的任务。个别心理咨询辅导是一种通过与专业咨询员交流，探讨、诊断和解决个人心理问题的方法，旨在帮助来访者找到心理困扰的原因，提供支持和指导，以帮助其恢复心理平衡，增强适应能力，促进身心健康。具体措施包括以下几种。

赞成治疗方法。教育者或专业咨询人员的支持和鼓励，能够帮助处于困境中且情绪低落、抑郁的学生重新找到希望、恢复自信。教师要鼓励他们释放内心的痛苦、不满等情绪，帮助其缓解和减轻心理压力，并通过提供指导和支持，培养其健康的生活习惯。

心理分析方法。咨询人员努力消除来访者的心理抵抗意识，帮助他们意识到症状背后的真实问题，从而使症状失去意义并最终消退。心理分析方法通常以自由联想和梦境解析等方法为主。

行为治疗方法。也被称为行为调节治疗，起源于行为主义理论。行为主义的观点是，异常行为是通过习得的方式形成的，并且能在得到强化的情况下被巩固。因此，通过对个体进行再教育，并在某些方面改变个体的环境，可以将不正常的行为转变为正常行为。它使用的常见方法包括脱敏疗法、厌恶疗法、条件操作法、自我调整法、模仿法、角色扮演法等。

人本主义疗法。该方法强调营造一种支持性环境，致力于构建真诚互信、互相理解和尊重的氛围，促进来访者进行自我发现和探索，认清自身的价值和潜能，发现真实的自我，并主动承担自身成长的责任，朝向实现自我的目标迈进。

认知心理治疗。认知心理学认为人的心理行为会受认知影响，一些人的心理问题主要源于其对现实的错误认知。这种心理咨询方法的关键在于心理咨询师引导来访者重新思考问题，并通过更客观的视角替换错误的想法，修正不合理的信念，以此帮助他们在正确的认知框架下调整行为并实现改变。合理情绪疗法是一种被广泛使用的认知心理疗法。

为了取得好的教育效果，各高校心理健康教育工作者在心理健康教育过程中应恰当灵活地运用以上各种咨询方法，此外还应遵循一些基本的咨询原则，如自愿原则、助人自助原则、保密性原则、客观中立原则、感情限定原则、时间限定原则等。心理咨询是非常复杂的专业工作，从事心理咨询的教师应经过严格的专业培训，具备丰富的知识经验、高度的责任心和敬业爱岗的精神，严格遵守心理咨询工作职业道德。在具体工作中，教师可以采取晤谈式咨询、电话热线心理咨询、“心灵信箱”信函咨询等形式开展个别咨询工作，但必须注意保护来访者个人隐私，做好咨询记录。为了提高个别心理咨询的效果，心理咨询中心要加强制度建设，如案例讨论制度、心理咨询回访制度等。

文化知识可通过收集相关信息来呈现不同文化之间的差异。不同文化背景下，相同的事件可能被赋予不同的意义，而不同的事件也可能具有相似的解读，这种现象揭示了文化差异的深层原因，有助于人们更好地理解世界的多样性。文化知识涵盖了熟悉特定文化中家庭的构成、家庭成员之间在不同场合下的互动、社会中是否存在阶层制度、民族宗教信仰以及通过艺术作品展现的价值观等内容，这有助于来访者在正确文化背景下理解自身所面临的心理问题。

文化技巧涵盖了心理咨询师对来访者文化背景和语言习惯的准确理解，要求他们在来访者的文化框架下进行交流并解决问题，这需要心理咨询师倾听和尊重来访者的价值观，并且意识到可能存在的文化差异。由于每种咨询理论都受到其所属文化价值观的影响，一个了解文化技巧的咨询师应该恰当运用带有“文化偏见”的咨询理论。总的来说，文化意识的变化会影响咨询者对人的态度和对其他文化的看法，能帮助咨询者与来访者建立融洽的问答关系。文化知识可帮助咨询者明确咨询的目标。文化技巧的关键在于有效地处理行动中遇到的问题。

（三）团体辅导法

团体心理辅导是通过团体成员之间的互动，帮助个体观察、学习和体验交往，从而帮助个体更好地了解自己、探索自我并接受自我，调整、改善人际关系，学习新的思维方式和行为模式，以促进其积极的生活适应。由于涉及大量的互动，团体辅导更可能产生持久和转移的效果；此外，团体辅导的学生参与度更高，其影响范围比个别咨询更广。因此，团体心理辅导也是目前各高校实施学生心理健康教育的重要方法之一。

各高校在开展大学生团体心理辅导时可通过两种方式组成团体：一种方法是将在新生心理普查中存在类似问题的学生安排在一起组成小组；另一种方法是通过招募和自愿报名的方式，将有着相同需求的学生聚集在一起，形成心理辅导小组。在实施中，教师通常会运用团体讨论、角色扮演和团体活动等方法来进行团体辅导。大学生在整个学习过程中会面临各种普遍性问题，如适应新环境和规划未来职业等。心理健康教育工作者可以以大学生成长为重点，通过团体心理辅导，有针对性地对其进行教育。在带领由不同民族、不同文化背景的大学生组成的团体时，各高校的团体心理辅导教师必须时刻考虑成员之间的文化背景的差异，并且需要准备好如何去应对差异。如一些少数民族学生与汉族学生在一起接受辅导时可能会由于语言理解和表达能力的差异而显得较为安静和被动，为了避免他们面临较大的团体压力，给予他们更多的积极关注和鼓励则显得极为重要。不同民族、不同文化背景的学生有不同的立场和价值观及其表达模式，这些差异会导致团体辅导中出现紧张或困扰等现象，团体辅导者必须要准备好如何处理这些问题。通常情况下，理解成员的文化差异及其在团体中的存在方式，帮助成员了解其他文化并且鼓励他们挑战仅从自己的视角看世界的方式，运用非威胁性的活动推进团体进程或许会很有帮助。

（四）拓展训练法

培养心理素质和技能主要是个体通过专业指导和自我调控来进行特定方面的训练，以改善生理和心理状态，并解决认知、情感、人格和社交方面的问题，这是一种经验丰富的体验式培训方法。心理素质拓展与训练是教师实施发展性心理健康教育的重要方法，有利于发掘大学生自身潜能，提高自我控制能力，从容应对压力与挑战，培养团队合作精神、增强团队观念等。

各高校可以针对不同年级的学生实施不同的心理素质拓展与训练，并通过专业教师的及时引导，让受训成员掌握学习迁移能力，将拓展训练中的收获应用于日常生活、学习中，使其解决问题的能力、心理承受能力得到不同程度的提升。针对新入学的大一学生，教师可以提供专门的适应性教育，包括语言表达训练、自我管理训练和环境适应训练；针对大二学生常面临的学习压力、考试焦虑、恋爱情感问题和人际关系问题，教师可以开展自信培训、沟通技巧培训、情绪管理训练、团队合作培训和意志力培养等活动；针对大三、大四学生在面对选择工作、选择伴侣以及适应社会压力时，教师可以通过毕业前培训、自我和社会认知教育、婚恋指导、潜能开发培训、社会融入教育，以及针对性的错误想法纠正训练、抗挫能力培养和写作自荐书指导等形式，满足他们的实际需求。

进行心理训练的具体方法和操作技巧是多种多样、灵活多变的，活动形式包括演讲、影视欣赏、游戏、角色扮演、团体讨论等。根据目标人群不同、训练目的不同，心理素质拓展与训练可以设计不同的训练项目，从人员上分，有个人项目、双人项目、团队项目；从训练的场地上分，有户外项目，也有室内项目等；从训练内容上来分，有沟通练习、信任背摔、空中单杠、盲人方阵等。在心理素质拓展与训练实施过程中，学生可以通过参与个人挑战类项目来克服对失败的恐惧和逃避的倾向，并从中汲取成功体验，获得成就感。这样做可以帮助学生建立充分的自信，拓展自我能力范围，实现突破。在完成双人协作项目时，学生也能改善情绪，得到他人的支持和激励，同时建立起人际关系中的信任感，他们还可以在团队形成的过程中，学会与人合作，正确认识自己的价值和重要性，以正确的心态面对问题和解决问题。

拓展训练的形式看似是游戏化的活动，但实际上其旨在达到特定的目标，以及让参与者在愉快的氛围中体验、感悟到书本知识无法提供的智慧。同时，拓展训练不仅富有趣味性，还能迅速吸引学生的注意力，激发他们参与的兴趣，促使他们积极投入活动中，使参与者愉悦地享受游戏，从中获得启发，进而获得理论知识，并使其在活动中进行自我教育，形成良好的意志品质，培养较好的情绪调控能力，增强社会适应的能力，从而形成健全的心理素质。

二、多元文化环境下大学生心理健康教育的路径

（一）学校心理健康教育专业机构工作路径

1. 各高校心理健康教育机构的核心工作职责

各高校心理健康教育机构的工作重点是向所有学生传授积极的心理健康知识和意识，并采取正面的宣传教育、个别咨询、课外活动和日常教育管理等多种方法，侧重解决一般问题，重视发现并及时引导处置特殊严重情况。在日常工作中，教师应做到以下 6 点。

①通过不同方式支持学生加强对自己的了解，使其建立对自己的重视、尊重、自信和自我进步的意识，并培养其积极的人生态度。

②通过有效的方式培养学生坚定的意志和克服困难的信心，使其学会积极面对并妥善处理学习和生活中的挑战，增强适应环境和社会的能力。

③通过多样化的活动，培养学生的良好情绪、情感管理和自我调节能力，提高他们的人际交往技巧，使他们能够正确看待他人，树立团队合作意识。

④运用科学现代的理念，通过搭建活动舞台，培养学生创新精神和实践能力，促进学生潜能的开发。

⑤运用专业咨询方法帮助学生解决成长道路上的各类问题，帮助学生克服心理障碍，提升个性心理健康素质。

⑥采用专业方法开展学生心理危机干预工作。

2. 各高校心理健康教育机构主要工作模式

各高校应在学生德育工作主管部门——学生工作部内或直属党委领导下设置学生心理健康教育工作机构，以确保其具有协调指挥的独立职能。其工作模式的重点是以全体学生为关注对象，积极实施正面教育，密切结合学生日常教育并将管理实践作为基本工作途径，负责心理健康教育和咨询工作，并协调第一课堂与第二课堂活动。

在工作过程中，高校应形成以下基本模式。

①结合学校学生心理状况和心理健康教育咨询工作实际情况，对全校心理健康教育工作进行中、长期规划，制订每学年工作计划并组织实施，定期对工作情况进行总结。

②广泛开展大学生心理健康教育普查，建立大学生心理档案，掌握大学生心理健康状况，对部分有严重心理问题的学生进行重点监控、定期追踪。

③通过选修课、讲座、报告、展览、板报、刊物、网站等形式积极宣传与普及心理健康知识，提高学生自我心理调节和防御能力。

④开展个别心理咨询和团体心理辅导，帮助大学生解决心理困惑、心理障碍和进行危机干预，引导大学生树立心理健康意识，培养良好的心理素质。

⑤构建学校、学院、班级三级心理健康教育体系，充分发挥心理健康教育机构的管理职能，从不同层次、不同侧面及时解决学生可能遇到的心理困惑或问题。

⑥组织培训并指导辅导员、班主任、学生管理部门相关人员、学生心理协会、班级心理委员、宿舍长等开展心理健康教育工作，并指导各院系开展心理健康教育活动与咨询工作，同时逐步建立和完善学生心理教育防护网。

（二）心理健康教育三级防护网络途径

心理健康教育三级防护网络是高校心理健康教育的有效途径，不仅能使心理健康教育工作逐渐被高校师生认识和重视，也能很好地促进高校心理健康教育的发展。我国高校心理健康教育走过了 30 余年的探索之路，目前大部分高校已建立了心理健康教育三级网络，即校级心理健康教育指导中心、院级心理健康教育指导教师及班级心理委员。

近年来，一些高校逐渐将三级防护网络模式转变为结构合理、体系完善的多元立体的教育模式。学校各个部门和机构，包括领导层、教学管理部门、班主任、辅导员、社团和学生领导，都参与了心理健康教育工作，逐步建立了一个以心理健康教育服务机构为主的管理体系。要基于院系学生工作人员和学生社团的支持，充分发挥心理学教师、德育工作者和学生志愿者的积极作用，全面推进学校心理健康教育工作。各高校要确保学校心理健康教育工作的有效、顺利开展，就必须整体规划、全面管理、统一协调和多方兼顾，建立由学校主管领导负责的心理健康教育指导中心、各个院系的辅导员组成的心理健康教育梯队以及各个班级的心理委员骨干组成的三级心理健康教育防护网络，并制定学校在人力、物力、财力上保证此项工作顺利开展的制度；积极探索完善三级心理健康教育网络，对班级、院（系）、学校三个等级有区别、有重点地开展工作。

在第一级，学校要设立心理健康领导小组，其中包括学生心理健康教育指导中心，它的主要职责是协调和策划学生心理健康教育工作。学生心理健康教育指导中心主要由学校专职和兼职心理健康教育教师组成，他们负责具体实施相关工作。在第二级，每个院系要设立心理辅导站点，聘请经过专业培训的全职或兼职心理辅导员，专门负责学生心理健康教育工作。在第三级，要建立基于学生群体的心理协会，并在学生会设立心理部门，同时在班级设立心理委员会。高校要为协会成员和心理委员提供系统的培训和管理，以便他们不仅能保持热情，还能积累必要的工作经验，及时了解和反映班级同学的心理问题、心理健康需求及特殊情况，从而开展相关心理活动。

（三）思想政治教育途径

不同高校在开展学生心理健康教育和思想政治教育方面，采取了不同的形式、内容、要求和方法，以满足各自的需求。心理健康教育重点关注大学生心理问题，而思想政治教育则聚焦于塑造大学生的政治思想观念。然而，心理健康教育与思想政治教育并非彼此对立，而是相互关联的，具有内在统一性。心理健康教育和思想政治教育都是高校致力于有效开展学生工作的重要途径，旨在培养未来社会主义事业的建设者和接班人。正确的政治思想观念和心理问题的解决相辅相成、互相促进。良好的心理品质有助于大学生接受和形成正确的思想观念，而正确的政治思想观念又能帮助他们保持良好的心理状态。因此，在高校学生管理工作中，管理者应该灵活运用教育方法，将二者融合在一起，以达到更好的管理效果。

1. 提高思想政治教育工作者开展心理健康教育的工作水平

思想政治教育工作者应积极学习心理健康教育知识，并主动参与心理健康教育管理工作。这样不仅有助于其拓展心理健康教育工作的发展空间，同时也能提升思想政治教育工作者的教育知识水平，以更好地为学生提供服务，引领和指导他们健康成长。

2. 思想品德课程和心理健康教育课程的融合

将思想品德课程与心理健康教育课程相融合，既可以及时了解学生的思想状况；也可以帮助学生应对现实困境，丰富学生的学习内容。在现实生活中，学生所面临的困境需要依靠学生自身的思维进行指导，还需要教师结合心理学的知识来给予支持和引导，以期获得更为有效的教育成果。

3. 健全思想政治教育工作的方式方法

思想政治教育工作者应该避免过时的说教方式，学会灵活运用心理学知识，通过具体行动引导学生。这样做不仅可以丰富教育方式方法，也更易于为学生所接受，进而增强教师与学生之间的良好关系，消除彼此间的心理隔阂。近距离的交流还可以促进师生关系的发展。

（四）大学生自我心理健康教育途径

1. 组建学生心理健康协会

组建学生心理健康协会是各高校开展大学生心理健康教育的重要途径。通过学生心理健康协会开展心理健康教育工作，高校既可在一定程度上缓解学校心理健康教师配备不足的问题，又可激发大学生的主动性和创造性，有助于高校在校园内宣传普及心理健康知识，掌握学生心理健康状况，及时发现学生心理危机情况。协会成员通过帮助他人，可在学习和工作中培养良好的品质，提升自己的组织能力、人际交往能力和心理承受能力，开发潜能，实现学校心理健康教育助人自助的目标。建立和充分发挥大学生心理健康协会的作用，广泛开展学生心理健康教育，对于有效提升大学生的心理素养至关重要。

各高校应该积极支持和推广成立学生心理健康协会，促进学生心理健康发展。心理健康协会是由各高校学生自发组建的社团组织，旨在配合并支持学生心理健康教育指导中心，可通过开展各类活动来促进校园心理健康教育的普及。这些活动包括传播心理健康知识、提供朋辈心理辅导、维护心理健康网站、组织校内教育活动，以及在不同学校之间进行心理健康教育的交流与合作等。由心理学专业和热心关注心理健康的学生组成的心理健康协会，其工作受学校团委、学生会（研究生会）的指导，并接受心理健康教育指导中心的支持和指导，可协助心理中心开展各种形式的心理健康教育活动，覆盖全校学生。该协会可定期邀请心理学专家组织专题讲座和学术交流活动；推动协会成员之间的内部合作计划；在整个学校内，甚至是在校外广泛传播心理健康知识，并自愿组织各种心理健康活动；等等。为了充分发挥心理健康协会的作用，在建立心理健康协会时，高校必须明确建立该协会的目的、要求及作用，确定协会的组织机构与职能，制订协会管理原则和会员选拔制度，对协会工作内容和工作要求做出较为清晰和具体的规定，并在运作过程中严格管理、正确引导。

2. 建立与健全朋辈辅导机制

朋辈辅导是一种实施方便、推广性强、见效较快的高校心理健康教育途径，其主要是由受过训练或督导的同龄学生担任心理辅导员为大学生提供心理辅导的过程。朋辈辅导的开展不仅可以弥补专业心理咨询人员不足的状况，帮助更多的学生解决心理困惑，及时防止突发心理危机事件的发生，还可以使朋辈辅导员在助人的过程中增加自己的才干，改善人际沟通能力，提高自己的心理素质。有研究表明，实施系统的“朋辈心理辅导”措施，开展以朋辈辅导为核心的综合心理健康教育，对改善少数民族贫困大学生的心理防御和社会支持有显著的效果，对维护少数民族大学生心理健康具有积极的作用。为了全面提高心理健康教育水平，确保学生的心理问题能够得到及时有效解决，各高校应主动建立和完善以朋辈辅导为中心的自助和互助机制。

各高校在促进朋辈辅导有效开展的过程中，首先，应及时收集大学生心理健康状况资料，确定朋辈辅导的重点。其次，要重视对朋辈辅导员的选拔，要在学生中选拔一部分对心理健康知识具有浓厚兴趣、乐于关心他人的学生，使其成为朋辈辅导员。开设了心理学相关专业的各高校，应首先考虑吸收和选拔优秀的专业本科生和研究生参与朋辈辅导工作，尤其是可优先考虑取得国家职业三级心理咨询员资格证的学生，在选拔中如能兼顾朋辈辅导员的民族分布，则能更好地满足不同文化背景的来访学生的辅导需求。最后，应加强对朋辈辅导员的培训与专业督导，使他们能够理性地审视、分析自我，较好地掌握心理咨询的基本理论，不断提高心理辅导技能。由于学生朋辈辅导员本身也有自己的学习任务和面临的各种压力，在合理安排朋辈辅导任务的前提下，由专业的心理健康教育教师适时通过个案督导、讲座培训、团体辅导等方式帮助学生朋辈辅导员解决自身困惑，提高专业辅导能力也是开展朋辈辅导的基础性工作之一。尤其值得注意的是在朋辈辅导的过程中应做好对有严重心理问题和心理障碍学生的评估，及时做好相关的正规心理咨询或心理治疗转介工作，避免延误问题和引起不必要的严重后果。

（五）心理健康网络教育途径

1. 优化硬件配备，建立校园心理健康教育网站

高校开展网络心理健康教育，首先需要拥有相应的技术设备支持。在硬件方面，重点是打造一个质量高、功能强大的心理健康教育网站，以确保学生的需求得到有效满足。心理健康教育网站具体可以涉及如下几个模块。一是学习资源模块，主要提供心理学领域的学习资料，包括优秀实用小论文、心理书目推荐、心理健康教育视频、专题课件和在线资源的链接。二是心理自测模块，可以让学生了解自己的心理健康状况和其他心理特征，并为有心理问题的学生答疑解惑。网络心理测验应该涵盖学习适应、个性特征、人际交往、情绪健康及职业规划等多方面的内容。三是主题讨论模块，可利用微博、贴吧、微信等社交媒体软件展开讨论，鼓励大学生参与热点问题或引起关注的事件的讨论，鼓励学生表达自己的观点，促进网上交流和辩论，使其在交流中增长见识，学习心理健康知识，提高解决心理问题的能力，发挥同龄人之间的积极影响。四是师生互动模块，心理健康教育教师可以通过设置网络论坛、QQ 群等，与学生进行实时的一对一、一对多、多对多的交流互动，以了解学生的想法，同时设置相关主题进行网络交流，促进师生沟通和互动。教师应及时针对学生遇到的心理困惑与学习过程中遇到的相关疑问提供答复，还可以设置心理邮箱，定期检查接收到的信息，并对学生的问题和请求作出回应，以促进师生之间的交流。五是新闻快讯模块，主要提供学校心理健康教育工作方面的最新动态或相关信息，帮助学生了解和掌握学校心理健康服务内容、服务时间、服务方式及注意事项等，使其能及时满足自己的心理健康需求，解决自己的心理困惑。

2. 培养心理健康网络教育师资，提高工作效率

为了充分发挥网络心理健康教育的优势，各高校要建立一支适应网络时代需要的心理健康教育师资队伍，加强对心理健康教育教师相关知识的培训，使他们不仅具备扎实的心理学和教育学理论功底、专业技能和实践经验，还具备较好的信息素养，并能熟悉常用软件的基本功能等网络技术，熟练掌握网络的运作结构和工作功能，能够有效获取、加工和利用信息，并把心理健康教育和网络技术结合起来，既可以在学校各项活动和授课中担任主要角色，又可以在网上通过对信息的收集和管理，对学习者进行教育引导，使心理健康网络教育不仅专业而且生动、富有吸引力和感染力。针对各高校学生的学习、生活的特殊性，心理健康教育教师要合理规划工作时间和工作效率，在学生上网时间内，通过宣传普及基础心理健康知识，并且为其提供在线讨论、交流和咨询，以帮助学生解决学习生活中的问题。同时，高校还可以教导学生家长通过学校网站随时关注学生在校的情况，并在线咨询家庭教育对学生心理健康教育的必要性，以促进学校教育与家庭教育的有效融合。

3. 进行网络心理咨询，提供个性化服务

网络心理咨询沟通的隐蔽性很强，可减少教育客体的很多顾虑，参与者往往能表现出更强的主动性，将自己内心世界真实的想法反映出来，使心理健康教育教师清楚了解其心理特点及动态，进而有效地实施心理咨询，还能使学生更为主动、积极地进行自我实现。

高校可以通过网络平台提供在线心理咨询服务。例如，可以设立专门的栏目，邀请心理咨询中心的专业人员提供咨询支持，帮助学生解决心理问题。再如，通过官方媒体账号（如微信公众号、微博官方号等）为学生提供心理咨询。一方面，要邀请备受尊敬且知名度较高的专家，通过权威且准确的声音来引导大学生；另一方面，专家可作为普通网民匿名参与讨论某一话题，在讨论中保持健康的心态和明确的观点，积极引导大学生改变不合理的观念。又如，通过电子邮件进行心理咨询。高校可在网站列出心理咨询教师的电子邮箱，学生可通过发送电子邮件直接就心理问题寻求帮助，心理咨询教师会迅速回复学生的邮件并解答问题。这样，高校可以确保遇到问题需要帮助的学生通过邮件与教师沟通，确保学生树立正确的思想价值观，逐步形成健全的自我认知体系，提高其对现实世界的适应能力。

4. 注重引导方式，实现传统与网络心理健康教育方式的融合

网络的互通性为学生提供了自主学习知识的机会，但不能忽视网络的不足和不成熟之处，应加强对网络管理、网络安全和网络社会道德的规范。高校需要审慎看待网络环境对大学生心理健康和道德发展的作用或影响。网络的虚拟化可能会使青年学生的人际交往受到影响，如增加人与人之间的隔阂，导致其孤独、沮丧、自我压抑，引发内心矛盾，同时可能削弱大学生的道德法治观念。因此，心理健康教育教师应该仔细筛选网络教育资源，对网络咨询信息进行整体监管，即严格监督和管理网络心理咨询平台，确保大学生遵守法律、道德规范和制度要求，引导学生以科学的态度进行心理健康网络学习，及时有效地控制学生的思潮动向，尽可能地降低网络对大学生的负面影响。心理健康网络教育为各高校心理健康教育提供了新的契机和良好的平台，但心理健康网络教育在传统心理健康教育中并非取代者，而是一种辅助和补充工具。因此，高校应该将心理健康教育网站的建设和运营融入传统心理健康教育中，不仅要注重网站的建设，还应该全面推动传统心理健康教育工作的高效开展。

第二节 多元文化视域下大学生心理健康教育的评估和保障

一、多元文化背景下大学生心理健康教育的评估

（一）心理健康教育评估的指导思想

1. 坚持以人为本，体现培养健康人格的教育目标

心理健康教育评估活动应突出人的主体地位和作用，一方面，注重发挥评估者的主体作用，使其成为心理健康教育工作的促进者、帮助者、引导者，最终使评估对象通过评估活动获得发展；另一方面，要充分发挥评估对象（学校、教师和学生）的主观能动性，使其以评估为平台，充分实现心理健康教育培养学生健康人格的教育目标。评估指标体系的建构和评估方法的选择都要从心理健康教育的目标出发，充分反映培养和教育内容。在培养和谐健康人格上，民族高等教育和其他类型的教育并无差别，同时，各高校心理健康教育有特殊的多元文化背景，

在心理健康教育评估的具体工作中应有分类指导，评估指标和评估方法都应具有一定的针对性和适用性，既要符合一般高校心理健康教育目的要求，又要契合多民族多文化的多元文化环境特殊性。

2. 重视评估的发展性与过程性，力求指标简化

心理健康教育评估的主要目标是促进评估对象的发展。因此，该评估过程应该专注于满足学校、教师和学生的实际需求，帮助他们认识到自身的优势和劣势，并为他们制订符合个人需求的发展规划。评估活动的目的是激发评估对象的内在发展动力，使评估过程成为推动教师专业发展和学生心理健康成长的过程。心理健康教育的过程是心理健康教育质量和水平的形成过程，心理健康教育效果有一个反映过程，在心理健康教育实施过程中应连续不断地进行监督、检查，在反馈、调整和改进中应促使科学性、可测性、简易性相结合；现实性，导向性，前瞻性相结合；定位、条件、过程与效果相结合；规范性与创造性相结合；定性与定量相结合；全面评估与重点评估相结合。在评估项目上应该有重点，有针对性，宜简不宜繁。

3. 明确价值取向，鼓励创新，重视实效

心理健康教育评估是促进教育质量改进的系统工作，要实现教育质量的持续改进，需要明确评估的价值取向，并进行科学的评估设计和策划，要在有效的实施中通过不断改善和创新切实提高心理健康教育的实效性。各高校在心理健康教育评估体系的构建和评估工作的实施中应注重对具体工作的指导，鼓励并尊重心理健康教育工作者在面对不同民族不同文化的教育对象时采取有针对性和创新性的教育方法和手段。

（二）多元文化背景下大学生心理健康教育评估的基本原则

心理健康教育评估原则，可体现评估的指导思想和基本要求，既能考虑客观规律，又包含了主观意愿，是人们进行评估活动时必须遵守的基本原则。只有根据心理健康教育评估的原则和法则行事，才能有效地发挥心理健康教育评价的作用，从而使高校心理健康教育工作朝着正确方向健康发展。

1. 科学性原则

科学性原则也被称为客观性原则，其是指心理健康教育评估必须遵循客观规

律，必须是科学的，必须具有客观性标准，只有这样，才能获得准确的评估结果。心理健康教育本身就具有很强的科学性和专业性，心理健康教育评估也是一项科学实践活动，评估设计得是否科学，决定了评估工作能否科学、客观、准确地开展。评估指标的量化比较复杂，但它在有效实施评估指标体系方面发挥着至关重要的作用。因此，笔者建议高校尽可能使用可量化的评估指标，这样可以确保评估标准客观、切合实际，从而更准确地揭示被评估对象的真实水平，同时最大限度地减少主观因素的影响。

2. 方向性原则

心理健康教育评估应具有明确的引导作用。方向性原则强调评估指标体系应当反映正确的教育取向，以确保评估工作能够正确地发挥引导和指导作用。正确的方向即坚持正确的政治导向，要遵循心理健康教育的发展规律，并实现五个结合：将心理健康教育与思想教育相结合；将普及教育与个别咨询相结合；将课堂教育与课外活动相结合；将教育与自我教育相结合；将解决心理问题与解决实际问题相结合。

3. 整体性原则

在进行心理健康教育评估时，教师需要保持系统性的工作，确保整体性的考量，并努力实现既定的目标。整体性原则要求指标体系内的各项指标在彼此协同作用、共同努力的过程中，整体上实现既定目标。因此，心理健康教育评估指标体系应由多个指标构成，以全面、综合和具体地反映各个方面的情况。高校需要对影响心理健康教育质量的各方面和阶段进行全面评估，包括评估学校领导、心理健康教育教师、学生以及教育内容和过程。评估内容应涵盖多个方面，如教育过程和绩效、教育者和学校教育环境等。

4. 可行性原则

心理健康教育评估的可行性，是指评估对象的可比性、评估指标的可测性以及评估指标体系的易于简易性。评估心理健康教育的可行性是关键，它决定了评估工作是否可以稳定持续进行下去。可行性原则要求高校根据心理健康教育的具体情况，制订评估计划、确定评估对象、建立评估指标体系、选择评估方法、进行信息统计与分析，以及运用评估结果，所有这些工作都需要从实际情况出发，并以可实现的角度进行组织评估。所设定的末级指标必须具有可测量性，如果其无法被直接量化，教师需要将其拆分为下一级指标，直至其变为可直接测量。因此，评估指标应尽量是可量化和可直接测量的指标。简易性原则要求评估指标体系应当简单直接，易于测量，即结构简明清晰，末级指标数量不宜过多。

5. 多元化原则

多元化原则要求教育评价在主体、内容、标准及方式等方面保持多样性，而非单一不变。多元化原则可反映现代素质教育改革的发展要求。基于多元化原则实施的多元评价，能够鼓励评价对象积极认可自己、提升自我。对于各高校来讲，多元化原则的确立也有其特殊意义，面对心理健康教育工作环境的多元文化，面对各高校心理健康教育工作对象的多元化，评估体系的确立也应该坚持多元化的原则，以便教师更加有效地了解工作现状，以评促建，不断提升工作质量。

（三）多元文化背景下大学生心理健康教育评估的指标体系

1. 学校管理层面的评估

学校管理层面的评估即对各高校心理健康教育工作的领导、组织、规划、实施过程和结果的评估。具体内容包括以下 3 方面。

①学校领导要高度重视，认同心理健康教育的价值和意义，学校可建立负责组织、协调、指挥、控制、实施心理健康教育工作的相关组织机构。

②制订学校心理健康教育工作计划。学校在进行心理健康教育工作时，首要制订一份可操作性强且持续性的工作计划，其中包括重点任务和主要工作项目的详细说明，和心理健康教育专题工作计划、发展规划，以及学校心理健康教育工作计划是否切合学校实际情况、目标是否明确、是否依据工作计划制定相关的实施措施等。

③学校心理健康教育工作有保障机制。如具备开展心理健康教育的相关工作制度；具备专门的心理辅导场所；具备完整的学生开展心理健康教育活动的档案；心理测验工具完善，教师能熟练掌握并操作；具备开展工作所需的书籍、报刊和相关资料；具备列入学校财政预算的专项经费以及保障学校心理健康教育工作、教师培训的开展和教学设施的专项投入；等等。

2. 教师队伍建设评估

学校心理健康教育工作的效果，在很大程度上取决于教师队伍的素质和能力。

评价学校心理健康教育的教师队伍建设时，要考虑心理健康教育的教师数量是否符合师资需求，教师培训质量，专业发展和科研能力，心理健康状况，以及教师的权益和满意度等，这对于心理健康教育工作的科学性和实效性具有重要影响。

教师队伍建设评估方面具体包括以下内容。

①专兼职教师的学历情况和受过专业训练的人数与工作情况。

②专兼职教师参加专业进修或各种专业培训的情况。

③专兼职教师参加课题研究和学术会议的情况。

④定期为教师举办心理辅导技能培训的情况。

⑤专兼职教师工作量的认定及奖励机制。

3. 心理健康教育过程评估

心理健康教育过程评估指对心理健康教育课程设置、课程实施、心理健康教育活动、学科渗透、心理辅导与咨询以及营造良好的心理健康教育环境的全过程进行评价。

心理健康教育过程评估依据具体包括以下内容。

①开设心理健康教育课程，并将其作为选修课列入教学计划。

②心理健康教育教师在课堂教学中以科学理论为依据，结合实际情况取得的教学成果。

③文艺活动、体育比赛活动、科技活动和演讲活动等渗透的心理健康教育。

④通过校报、广播、定期刊物、校园网和校园电视台等方式推广和普及的心理健康知识。

⑤定期对学生进行心理健康状况调查及分析，建立学生心理档案（严格管理档案资料），撰写学生心理健康状况报告，并对学生心理状况进行分析。

⑥心理咨询室定期提供的服务，包括面对面咨询、电话咨询、在线咨询和书信咨询等服务形式，为个人提供心理支持。同时，举办备受欢迎的团体辅导活动和心理健康专题讲座。

⑦制订校园心理危机干预方案，及时识别有高危心理情况的学生；对校园心理危机情况作出部署；在保密原则下，学校、心理健康教育教师联合家长，对遇有心理问题的学生进行特别关注和积极干预。

⑧积极收集整理各方对学校心理健康教育改进的评价，分析学校最关键和

迫切需要改进的方面，制订改进目标和计划并加以实施，持续提升心理健康教育水平。

4. 心理健康教育成效评价

满足学生心理需求是心理健康教育成效的主要标志。心理健康教育成效是受到诸多因素影响的，包括教育环境、家庭背景、社会环境、媒体以及学生自身素质等，因此在评估心理健康教育成效时，需要考虑教育过程、教育投入和教育结果等因素。满足学生心理需求的健康教育涵盖两个方面：第一，处理和引导学生在心理成长与发展过程中所遇到的问题，主要包括学业、人际关系、自我意识及生活适应等问题；第二，符合学生心理成长与发展的需求程度。

成效评价具体包括以下内容。

①对学生心理健康状况的综合评定：心理健康教育受学生欢迎程度及满意程度，学生心理健康知识和服务信息知晓率，多数学生心理素质是否得到提升，心理发展是否得到有益帮助，心理问题能否得到及时疏导。

②工作特色：探索符合本校特色的心理健康教育与咨询工作模式和方法，以及有自主承担的心理健康教育研究项目、有明确的主攻方向和研究方案、影响较大的创新性特色项目。

③上级行政部门的态度及社会的认可与支持状况：心理健康教育与咨询工作获奖情况。

（四）多元文化背景下大学生心理健康教育评估的组织实施方法

1. 构建完善合理的评估机制

要对一个学校的心理健康教育活动进行评估，首先要有一个合理、健全的评估机制，即覆盖全校、点面结合的两级心理健康教育评估机制。在学校层面，评估机构的成员人数应至少为 3 人。在评估学校心理健康教育活动时，必须有来自三个方面的专业人员参与，即教育行政人员、学生心理健康教育研究人员以及负责具体实施学生心理健康教育工作的人员。在评估各院（系）的心理健康教育活动时，高校应考虑为其他学院（系）安排具体实施学生心理健康教育工作的人员。学院（系）应依照评估机构提供的指导进行操作。在具体的评估工作中，高校可以采取听取汇报、实地考察、查阅有关资料、实施心理测验、召开座谈会等方式全面、深入地了解学生心理健康教育工作的进展情况及实际效果。

2. 应重视总目标评估和分目标评估的融合

全面评估某一活动，需要融合总目标评估和分目标评估，这是最基本的要求。总目标评估内容包括两方面：活动对目标人群的整体影响和活动本身整体的成功程度。具体来说，总目标评估应在考虑目标人群的心理健康水平的基础上，组织相关的心理健康教育活动，以促使目标人群充分发挥个人潜能，愿意学习和享受学习，并建立良好的人际关系、培养健全的人格，同时帮助目标人群更好地适应生活环境。将总目标细分为具体的分目标，并对这些分目标进行评估，这就是分目标评估。分目标评估内容包括四方面，即策划、实施过程、达成效果以及总结反思与反馈。高校应根据实际情况提出具体的评估内容、要求及条件。

3. 心理健康教育活动的“质”评估和“量”评估的融合

对心理健康教育活动的评估也应从“质”和“量”这两方面进行考虑。

对心理健康教育活动的“质”进行评估，具体包括三方面：听取心理健康教育活动实施单位的分管领导和负责人的总结汇报；对心理健康教育活动的开展场所、设施、宣传资料、档案材料和活动反思总结进行实地调研，从中借鉴相关经验及教训；心理健康教育活动的实施结果是否对学生的心理健康和积极发展产生了积极影响。心理健康教育活动质量评估的关键在于评估分目标的有效性。

对心理健康教育活动的“量”进行评估，也就是对分目标评估所提出的具体指标进行量化评估，然后据此提供相应的结果及反馈。该评估的重点在于评估分目标的实现情况。

4. 心理健康教育活动的行政评估和专业评估的融合

一个成功的心理健康教育活动，通常需要得到行政和专业这两方面的支持和保障。因此，在评估心理健康教育活动时，高校需要评估行政支持和专业支持这两方面的支持和保障情况。

行政评估，即通过评估该单位的规模、教育层次、活动历史、活动设施条件、目标人群特征和规模等，推测本次活动可能带来的心理健康教育效果，并与心理健康教育活动实施单位汇报的结果进行对比，从中找出差距和问题。

专业评估，即依据心理健康教育师资的能力和水平，评估心理健康教育活动的实施情况，包括心理健康教育活动的专业水平和效果，如心理测评和量表使用的科学性、心理档案的建立和利用情况，以及相关教师是否向单位领导和相关人员（如辅导员和班主任）提供了决策和工作依据。

5. 心理健康教育活动的评估和反馈的融合

评估的价值并非在于判定结果的优劣，而在于评估能否有效支持高校的未来心理健康教育工作。在评估工作中，及时而恰当地回馈评估结果是至关重要的环节。因此，在完成一次活动评估后，高校应该立即向相关人员提供评估反馈结果。反馈结果不仅要讲时效性，更应注重反馈的方式方法，做到能根据不同的评估内容、评估结论和评估对象的具体情况，选择合适的方式反馈，使评估对象在尽可能大的范围内接受或认同评估结果。例如，在过程评估中的结果反馈，应以表扬为主，要通过树立典型的方式及时在相关会议上通报；对在检查过程中发现的问题，则应通过会上不点名、会后个别谈心商讨的方式进行处理，提出整改的原则性或建议性意见，使评估达到预期的目的。

综合而言，高校在心理健康教育方面取得了良好的进展，但在评估这方面仍然存在一些缺陷和挑战。为了更好地评估心理健康教育的效果并调整计划，确保每位大学生的心理素质得到真正提升，高校需要正确把握心理健康教育评估的目的和原则，科学构建评估内容和指标体系，并综合运用各种评估方法和策略，这样可以在实践中不断提高高校心理健康教育评估的理论水平。

二、多元文化环境下大学生心理健康教育的保障机制

（一）建立高校心理健康教育保障机制的基本原则

高校心理健康教育保障机制由教育行政部门承担研究制订、颁布实施、保障执行的责任。心理健康教育教学实践是高校建立心理健康教育保障机制的基础，政府和教育行政部门负责对高校心理健康教育机制做统一组织、规划和管理。高校心理健康教育保障机制需要国家和教育行政部门的有效监督，其他单位、团体和个人无法单独承担这一角色。此外，高校心理健康教育的实施需要具备一定的条件，需要研究和验证哪些学校必须遵守规定并且成为示范榜样，哪些学校可以借鉴执行，甚至哪些学校缺乏执行能力，这些问题都需要逐一审查确认。上级教

育行政部门负责下级教育行政部门的总体规划，而当地教育行政部门则要根据当地学校的具体情况严格执行该规划，并向遇到困难的学校提供技术、人力、财务等各方面的支持。在高校心理健康教育实施过程中，教育行政部门需要通过发布行政命令或其他监督手段来确保监督机制和保障机制得到有效执行。建立心理健康教育保障机制的基本原则包括如下内容。

1. 高校心理健康教育保障机制实施的规范性原则

高校心理健康教育保障机制的有效运转并非只靠心理学家和教育学家的呼吁或随意行动，而是依赖于有序的机构设置和制定的原则、方法，以确保全体在校学生都能接受心理健康教育，进而保障心理健康教育工作的顺利开展。为了促进大学生身心健康的全面发展，心理健康教育的程度和内容应依据不同的年级和阶段而定。大学生心理健康教育并非零散的，而是一个完整的体系。高校要遵循心理健康教育保障机制，规定各个阶段的学习内容、管理组织和师资配备等，以保障心理健康教育保障机制的有序、综合和有效实施。

2. 高校心理健康教育保障对象的全体性原则

高校心理健康教育保障机制的服务对象是大学生。学校是学生学习的重要场所，我国的高等教育旨在培养全面发展的高水平专业人才，无论是什么类型和形式的高校，只要有学生，高校就需要建立学校心理健康教育机构，并开展大学生心理健康教育工作。所有学生，无论成绩、健康状况或家庭背景如何，都应该享有接受学校心理健康教育的权利。尤其是对那些有心理问题或生理缺陷的学生，教育者应该给予更多关注，接纳并为他们提供心理上的支持和帮助，还要无条件地支持他们。

3. 高校心理健康教育保障机制的系统性原则

高校心理健康教育保障机制由组织保障机制、制度保障机制、经费保障机制及人员保障机制组成，这一机制需要由社会、高校、家庭和其他组织来合作构建，这样方能成功实施。系统内部的各个要素相互联系、相互影响，包括教师、学生、课程和监管者在其中都有各自不同的特点，并互相作用。构建心理健康教育保障机制，需要充分发挥各个子系统的作用，以实现共同目标。在此过程中，组织、制度、经费和人员的保障各具重要意义，各有其关键性作用。只有各方面协同合作，充分发挥各自作用，才能促进高校心理健康教育保障机制的建立，推动大学生心理健康教育的推进和实践。

（二）多元文化背景下大学生心理健康教育保障机制的基本内容

大学生心理健康教育保障机制是否建立健全、是否有效运行，直接关系到各高校大学生心理健康教育工作能否得到正常开展。从工作角度看，保障就是提供条件，以保证大学生心理健康教育能够正常开展。从目前的实际情况来看，各高校大学生心理健康教育必要的保障主要包括组织保障、制度保障、经费保障、人员保障等。

1. 组织保障

构建大学生心理健康教育保障机制，组织保障是关键。组织保障主要是指大学生心理健康教育的领导体制和工作机制，高校要将心理健康教育工作融入高校的教育管理体系中，建立一个有机的整体结构，确立明确的目标、协调的关系、共同承担职责、共同协作的工作机制，形成密切联系的工作格局和网络。

（1）成立大学生心理健康教育工作的领导机构

高校应根据相关文件要求，认真执行大学生心理健康教育工作的领导责任，并设立大学生心理健康教育领导小组，组长为主管学生工作的党委副书记或副校长，其成员包括各职能部门和院（系）学生工作负责人。同时，要设立大学生心理健康教育中心，该中心隶属于学生工作处（部）管理。大学生心理健康教育中心在领导和组织制度上负责规划、安排和监督全校大学生心理健康教育工作，以确保其顺利开展。

（2）建立学校、院（系）、学生三级心理健康教育网络工作体制

大学生心理健康教育需要保持系统性。高校应该致力于建设心理健康教育中心，使其成为主要咨询和辅导机构，同时将心理健康教育纳入课堂教学，构建课内外、教育指导、咨询自助等多方面结合的心理健康教育工作体系，构建学校、院系和学生三级心理健康教育网络。

一级教育网络由学校大学生心理健康教育中心提供支持，并由具备一定心理咨询专业知识与技能的人员提供支持，主要负责协调全校学生心理健康教育工作，包括开设相关课程、实施心理普查、提供专业心理咨询服务、进行心理危机干预，

以及指导全校各院系的心理健康教育工作。

院（系）心理健康教育专员组成二级教育网络，由经过心理咨询培训的学生工作干部（辅导员、班主任等）担任辅导人员，旨在帮助学生解决日常学习、生活、交往、适应和发展等方面的常见问题。学生工作干部是在学校中与学生频繁接触的人员，其对学生的家庭背景、个性特点、学习情况、人际交往以及思想观念等方面有较为深入的了解。因此，学生工作干部在学生心理健康教育方面扮演着重要的角色，理应积极参与其中。通过接受心理咨询培训和积累丰富的思想教育工作经验，学生工作干部能够在思想政治教育工作中解决学生的心理和成长问题。

三级教育网络由大学生自发组成的团体构成，其主要通过心理健康自助系统普及心理健康知识、收集学生的心理健康情况，同时在校园内开展“互助、助人、自助”活动。大学生生活在彼此之间紧密联系、相互了解深入且愿意分享想法和感受的社交环境中。通过彼此之间的交流和互相支持，大学生可以缓解或解决一些心理问题。因此，在大学生群体中建立一种相互支持的机制，对于减少大学生心理问题的发生和控制心理问题的发展至关重要。

三级教育网络有明确的职责分工，既横向覆盖了学生群体，又纵向覆盖了不同层次的学生问题，可成功地将心理健康教育融入学生日常思想教育与管理中，能为大学生心理健康教育工作的推进提供关键的组织支持。

2. 制度保障

制度是建立机制的基础，机制的保障过程就是建立健全并贯彻、落实各项制度的过程。为了使心理健康教育工作更加科学化、规范化，高校应从常规管理和专业工作两个层面构建心理健康教育工作运行的基本制度。

（1）常规管理制度

为规范大学生心理健康教育工作，高校需要明确制订高校大学生心理健康教育工作实施办法，包括明确总目标、内容、形式等要素，以此作为依据来制定相关制度。

①人事制度。将教育人员的资格认证、专业培训、督导及专业发展等，作为心理健康教育制度体系的建设重点。为了切实保障心理健康教育工作的可持续发展，各高校首先应建立明确的心理健康教育工作准入制度，从事心理咨询工作的教育人员应构建国家心理咨询师资格认证制度。其次，高校应建立心理健康教育

人员入职后的培训与督导制度，保证心理健康教育教师能够按照个人专长和实际工作需要定期或不定期地在职接受心理健康教育工作培训与督导，提高业务水平，实现专业成长的良性循环。为了实现心理健康教育工作专职人员的正规化管理，高校还应明确专职心理健康教育教师的角色定位、考核标准、工作待遇与职称评聘，并通过制度激发教师的工作热情和发展动力，使其为保障高校心理健康教育工作的全面开展而保驾护航。

②财务制度。通过制定相关制度确保心理健康教育工作有足够的经费、场地和设备等资源支持，以满足硬件和软件设施建设的需求。要确定经费分配比例、确定经费筹集途径、保障专款专项使用；经费管理、使用、报销由专人负责，纳入校财务制度管理范围；要定期接受财务审查，及时公开财务情况。

③考核制度。心理健康教育的质量标准、评估体系及工作交流，也需要建立相应的制度来加以管理。要通过综合评估心理健康教育服务人员在业务、纪律和科研等方面的表现，建立明确的奖励和惩罚机制，以提升心理健康教育服务的水平。

④日常管理制度。建立完善的心理健康教育机构轮班制度、咨询室使用制度、定期例会制度，以确保心理健康教育服务工作能够有序进行。突发事件应得到全体师生的高度重视，高校应制定应急处理措施，包括心理健康教育预警、设立应急小组、建立应急联络机制以及应急处理预案等措施。

（2）工作行为规范

鉴于心理健康教育服务工作的特殊性，高校必须对从事该工作的人员的业务要求和相关资料处理进行系统规范，以保障心理健康教育服务工作的实际效果和科学性。

①心理健康教育课程教学制度。课堂教学在大学生心理健康教育工作中起着主渠道作用，各高校要根据学生心理健康教育的需要，结合学校实际，编写科学、系统的教学大纲，组织实施相应的教育教学活动。心理健康教育课程教学制度应涵盖课程性质与教学目标、课程教学内容、课程设置与教材使用，以及教学模式与教学方法、教学管理与条件支持、组织实施与教学评估等方面的具体要求，要通过明确的制度保证学生在校期间普遍接受心理健康课程教育。

②资料管理制度。心理咨询记录、心理档案等心理健康教育服务相关资料需

要得到妥善保管，确保机密性和安全性，应设立专门的存放区域，以防其被盗窃、泄露或损坏，避免对相关个体造成心理或名誉伤害。在心理测评中，咨询师和受测者需要充分理解心理评估工具在临床实践中的价值和作用，同时咨询师要考虑受测者的个人经历和文化背景，并灵活运用这些工具。此外，咨询师对测验结果及其解释的说服力和限制性也需要进行正确说明。

③心理咨询工作制度。心理咨询工作制度是各高校促进大学生心理咨询工作规范化、专业化和科学化发展的重要保障。一般而言，心理咨询工作制度应明确规定心理咨询服务的对象、心理咨询的基本原则、心理咨询的内容与程序以及咨询师的工作要求等。具体而言，心理咨询制度应包括心理咨询预约制度、心理热线工作制度、团体心理辅导工作制度、个案转介制度等。各高校应建立完善的心理咨询工作制度体系，使大学生心理咨询工作有章可循、有据可依，并通过完善的工作制度保障大学生心理咨询工作的有序开展。

④心理咨询工作人员的职业道德守则。职业道德守则是心理咨询工作人员在从事心理咨询时所应遵守的规范，是高校做好心理咨询工作的重要环节，是咨询师解决求助者心理问题的基础和保障。国家制定的心理咨询师职业道德标准为心理咨询师职业道德做了正确的规范，各高校的心理咨询工作人员应主动遵守国家心理咨询师职业道德标准，努力提升自我修养，增进心理健康水准，推动专业发展和技能提升，并明确认识自身能力和职责范围，避免承担超越自身能力和职责范围的事务。应当尊重接待者，与其建立适当的关系，确保专业判断不受多重关系影响。如果遇到不适合处理的接待者，咨询工作人员应当考虑将其转给他人。在进行咨询时，咨询师需遵守保密原则和取得来访者同意的原则。如果心理健康教育服务因工作人员或来访者的个人情况而中断或中止，咨询师需要设立相关制度，以适当的方式提供解决方案建议。

3. 经费保障

长期、有效、稳定的资金投入是各高校大学生心理健康教育得以顺利开展的物质保证，经费投入情况会直接影响相关工作的深度和广度。一般来说，心理健康教育工作的资金应保证两方面的投入。

（1）要保证学校心理健康教育工作的环境资金投入

大学生心理健康教育工作必须依托一定的环境、场所、设备和设施才能展开。

要保证各高校大学生心理健康教育工作顺利进行，高校就必须不断改善心理健康教育工作条件，夯实其物质基础。学校的自然环境和硬件设施等对学生心理健康教育起着至关重要的作用，毕竟学校是学生学习和活动的主要场所。因此，高校首先必须重视校园人文环境和自然环境的协调发展，做到基础设施高质量、文化积淀高品位，为大学生心理健康教育提供良好的校园环境。其次，开展心理健康教育工作所必备的基本物质条件包括资金、场所、设备、仪器和文献资料。例如，高校只有投入资金才能布置心理健康教育工作场所，才能购置心理健康教育工作设备、仪器及文献资料；心理测评和记录工作所需的计算机、打印机及软件系统，以及心理训练所需的摄像机、录音机和生物反馈仪等，也是开展心理健康教育工作的基本物质条件。因此，学校必须确保对心理健康教育工作的环境资金投入充足并且使用合规，以确保心理健康教育工作能够顺利进行。

（2）要保证学校心理健康教育的工作资金投入

第一是确保充足的日常办公经费，用于支持会议召开、各类宣传活动和案例分析等所需印刷品的资金投入；要通过利用各种传播方式广泛宣传，建立一个重视心理健康的校园环境。第二是确保教育培训以及学术交流方面的经费投入。学校心理健康教育中心的工作人员需要进行实地考察，开展典型案例报告和双向对话研讨等活动，以促进学术交流，鼓励教师学习最新的方法、技术和模式。第三是确保给予教师应有的薪酬支持，涵盖对值班教师和外聘专家的薪酬支持。第四是确保专题专项资金的投入。高校要通过举办“新生心理健康教育宣传月”等专题活动，邀请专家举办报告和讲座，确保心理健康教育工作能按时进行。

4. 人员保障

大学生心理健康教育需要专业队伍的支持。因此，为了确保和推动大学生心理健康教育科学化和规范化发展，高校需要培养一批拥有专业知识和技能的教师团队。各高校在心理健康教育方面的师资队伍保障主要表现在以下 3 个方面。

（1）师资数量

联合国教科文组织规定，每 2000～3000 名大学生要配备一名专职学校心理学家，国外高校一般是每 2000 名学生就拥有一个心理健康教育专职工作人员。目前我国各高校心理健康教育专职教师数量太少，师生比平均达 1∶10000 左右，大部分心理健康教育教师是兼职的，难以满足日益发展的心理健康教育工作的需要。各高校要保证足够数量的心理健康教育专职教师，现阶段可按师生比1∶3000～1∶5000配置心理健康教育专职教师。

（2）师资素质

心理健康教育是一门技术性和专业性都很强的工作，它不仅要求从业人员自身心理素质高，而且要求其专业素质过硬、实践经验丰富。目前我国各高校心理健康教育师资队伍主要由专职和兼职的教师共同组成。选拔具备良好的道德品质和一定的专业水准，已获得教育学、心理学、临床医学硕士及以上学位证书，并持有国家心理咨询师职业资格证书或持有教育部、省教育厅颁发的培训证书的人员组成专职教师队伍，使专职队伍专业素质有基本保证是各高校开展大学生心理健康教育工作的基本前提。为了弥补专职队伍人数较少的不足，各高校应从以下两个方面提高大学生心理健康教育兼职队伍的专业素质：一方面，选择综合素质优秀、热情且有奉献精神，具备一定学生心理健康教育基础的教师，并将其作为相对固定的兼职队伍，与专职队伍共同参与专业培训，提升专业水平，组织学术讨论，加强学术研究；另一方面，制订专业的培训计划，定期进行培训，要求学校的学生管理工作者关注学生的心理状态，并运用心理健康知识，帮助学生培养良好的心理素质、积极的自我形象和人生信念，从而成为学校心理健康教育的重要支持力量。

（3）师资队伍的稳定性

稳定的师资队伍能使各高校大学生心理健康教育工作保持较好的延续性和鲜明的特色。因此，各高校应从长远规划的角度来考虑师资队伍建设，将大学生心理健康教育师资队伍建设纳入学校整体教师队伍建设工作中，以促进心理健康教育师资队伍的稳定发展。高校应从政策保障、资金支持等方面帮助心理健康教育教师拓展专业发展空间。专兼职教师开展心理辅导和咨询活动应计算相应工作量，高校要在基本岗位津贴的基础上设置额外的加班、值班工作补助和电话补助等。高校发展职业化和专业化的心理健康教育师资队伍，可以得到社会和同行的认可与尊重，并且教师也能在普通的工作岗位上取得出色的成绩，实现自己的人生目标。因此，各高校应积极为心理健康教育教师提供进修、培训、深造的机会，创造进行学术交流、开展科研的条件，并努力推动他们实现职称晋级、职务晋升，为他们开辟参加各类竞赛、评奖、申报课题的渠道。应对工作突出的教师给予相应的荣誉称号和物质奖励，以促进心理健康教育教师的职业化、专业化发展。

（三）多元文化背景下大学生心理健康教育保障机制的运行方法

1. 创新保障理念

理念是人们对某项活动的基本看法和理性认识，是先于行动的核心理论和哲学前提，决定着人们行动的方向和态势。创新各高校心理健康教育保障机制的理念是首要的，目前一些心理健康教育保障状况中的不足，很多是由于思想上不够重视或是行动上没能落实而产生的，而究其根源，则是各高校对心理健康教育保障工作的新发展了解不足，没有深刻理解心理健康教育保障机制的理念，仍然按照传统的“力求全面，越多越好”保障思路来指导实践工作。各高校心理健康教育的保障引入“机制”概念后，需要从两个方面创新保障理念。

（1）树立联系的、发展的系统观念

建立健全高校心理健康教育保障机制，需要全社会共同努力，而非单靠个人或某个组织的努力。高校心理健康教育保障机制是一个协同互动的系统，当各项保障同步运作时，它们之间会互相促进，形成协同效应，这种效应能远远超过各项保障单独实施时的效果。传统的保障侧重于确保各项措施得以实施，以实现整体保障目标，而科学的保障机制则是相互关联、相互促进的，其目标是不断发展，而非停滞不前。它不仅是全面的，更是与时俱进的，既需要高校按照逐级递进的方式来提供保障，确保措施得以细致规划，并最终得以实施；又需要高校确保系统、部门和单位之间协同工作，形成密切的合作网络，确保保障机制有效运作。如果出现任何一个节点无法协调，保障工作就无法开展。因此，在审视各高校的心理健康教育保障机制时，需要明确各级别、各系统、各部门的责任，并采取协调一致、相互关联的方式，确保保障机制正常、有效地运转，从而促进高校心理健康教育工作的顺利开展。

（2）树立“心理健康大教育”观念

各高校大学生心理健康教育涉及社会、学校、家庭，在学校内部又涉及课堂教育、管理服务、校园文化和校园环境等方面；心理健康教育工作的开展又涉及心理健康教育教师、任课教师和各类学生工作人员。实际上它是一个多层面、立体化的工作网络。因此，高校要在加强和改进大学生心理健康教育的实际工作中通盘考虑，树立“心理健康大教育”观念，积极探索新形势下大学生心理健康教育工作的新路子，加强学校与家庭、社会的联系，充分利用社会文化、教育资源，充分发挥家庭、社会参与学校心理健康教育的积极作用，创新教书育人、管理育人、文化育人、环境育人的内容和形式，逐步形成全面育人、全员育人、全程育人、全方位育人的新格局。各高校党委学生工作部门应协调学生管理工作相关部门齐抓共管、互相合作，落实“心理健康大教育观”的思想，把心理健康教育作为学校教育大环节之中的重要一环，并将学生心理健康教育工作贯穿和渗透到学校教学、科研、管理等各项工作中去，推进心理健康教育的良性发展。学校所有涉及学生工作的部门都有责任以本部门工作为抓手，为大学生的健康成长与顺利成才而努力。

2. 完善长效机制

长效机制是一种能够确保高校心理健康教育保障机制持续有效运作并实现预期目标的体系。如果说保障机制的各个方面（如组织保障、制度保障、经济保障、人员保障）相互促进，可形成横向发展的局面，那么保障机制的长效发展则是向纵深发展的。要想对高校的心理健康教育保障机制进行全面衡量评判，确保其长期有效性，促进其积极发展和创新氛围的形成，具体可采取以下措施。

（1）合理整合，配置学校教育资源

通过加强专业课教师的育人使命意识，提倡教师将心理健康教育无缝融入大学生专业学习的方方面面，融入教学、科研和服务的各个角落；通过优化专业课教学评估体系，认识心理健康教育评估的重要性。教师需要深入挖掘各种课程中的心理健康教育资料，同时加强心理健康教育内容的传达，促使学生在学习科学文化知识时提升心理健康水平。

要确保学校各部门明确自身工作与学生之间的关系，准确把握自己在为学生提供全面服务的整体框架中所扮演的角色，确保学生心理健康教育工作真正以学生的成长和发展为中心，超越局限于学生工作系统的狭窄范畴，构建起一个全员参与的教育循环系统，还需在延伸学生工作内涵的同时，建立起有效且长久的机制，以此来调动学校各方面的力量，从多个角度来培养学生。

要坚持党委和行政密切协同配合、教育和管理有机融合、学校和基层有效整合、专职和兼职有机结合的基本原则，促进学生工作和管理工作有机衔接，在新领域为大学生心理健康教育工作提供发展空间。

（2）健全制度，严抓落实

规章制度建立后不是一劳永逸的，它不能解决和穷尽一切问题。在心理健康教育工作制度运行过程中，当某些制度与心理健康教育总目标相违背、与心理健康教育新形势不适应、与学生心理健康新问题不匹配时，教师需要及时地、能动地做出调整，以营造一个良性互动、协调一致的心理健康教育制度环境，保障心理健康教育工作的顺利开展。因此，各高校须根据新形势、新情况的需要，不断健全和完善心理健康教育工作的各种规章制度，对制度本身不科学、不完善，实际操作上有困难的地方进行改进，对制度中不合时代要求的内容及时进行调整和补充，要在执行规章制度时减少主观因素的干扰，降低随意性，并确保教师严格依照规章开展工作。即使一个制度再完善、再科学，如果不重视实施落地，它最终只会停留在表面形式上，无法产生任何积极影响。因此，在制度健全的基础上，严抓制度落实是各高校实现心理健康教育长效发展的关键。为此，高校必须做好心理健康教育制度的宣传疏导，让心理健康教育工作者和学生都充分认识制定制度的重要性、必要性，使他们在心理上认同制度，在行动上遵循制度，在工作中有意识地去执行制度。总的来说，为了持续改进大学生心理健康教育工作，并提高其科学性、规范性和制度化程度，高校应将重点放在加强制度和政策执行上。

（3）拓宽经费来源，合理规划使用

只有加大心理健康教育经费投入、合理配置和使用经费，才能有效地保障各高校心理健康教育工作长期顺利、有效地开展。因此，各高校应拓宽心理健康教育经费的来源渠道，探索和形成多渠道的共同投入机制。首先要积极争取地方政府或上级主管部门的政策支持和财政倾斜，增加财政拨款。这就要求各级政府或上级主管部门针对各高校开展心理健康教育所需的资金投入确定合理比例，确保增加资金投入的幅度不低于财政收入的增长幅度，将资金投入编入财政预算，保证按时调拨，确保专款专用。其次，要依靠社会方方面面的力量，积极引进社会资助项目，多方筹措相关教育发展基金支持，多渠道、多形式筹集社会资金，并将其作为心理健康教育工作的补充经费。最后，学校也应积极自筹经费，将心理健康教育工作的支出列入学校预算，设立心理健康教育专项经费，建立相关的规章制度并将经费落实到各个环节上，合理配置各项经费，强化资金使用的预算管理和计划性，杜绝经费支出的随意性和盲目性，坚持加大投入与提高使用效益并重，用较少的钱办更多的事，腾出更多的财力保证心理健康教育基础支出的需要，同时强化重大项目建设，审计大额资金使用全过程，确保资金使用规范、安全、有效。

（4）加强师资培养，优化师资队伍

师资队伍建设是各高校心理健康教育中一项带有全局性、战略性意义的工作，开展心理健康教育离不开心理健康教育师资队伍的建设，教师的综合素质及专业能力关系着心理健康教育的质量。各高校应在以下几方面加强心理健康教育师资队伍的优化：一是确保专职心理健康教育教师的稳定，解决他们在待遇、职称和地位方面的问题。同时，对于从事兼职大学生心理健康教育工作的教师，高校也要在行政职级、职称评定、学习提升和岗位津贴等方面提供相应的政策支持，以确保他们有合适的工作条件、平台和发展机会。二是重点关注选拔和培养，制定切实可行的措施，建立有效的激励和保障机制，发掘优秀人才，培养有敬业精神和高素质专业知识的心理健康教育工作者，并通过各种渠道让他们迅速成长和脱颖而出，然后对其进行选拔并充实心理健康教育队伍。三是成立心理健康教育师资团队，搭建可激励专兼职心理健康教育教师提升工作能力的专业平台，建立相应的管理制度，明确义务和责任，制订推进专业化建设的培养培训计划，为教师进修培训和到外地学习提供政策优惠，鼓励教师努力提高业务能力，为心理健康教师队伍的专业化发展不断注入新的生机与活力。四是加大对专业课教师心理健康培训的力度，充分发挥专业课教师在学生心理健康教育工作中的积极作用。学生不但与专业课教师相处的时间最多，而且对专业课教师有一种特殊的敬重感。因此，各高校应提高教师队伍的整体心理健康水平，提升他们的心理素质，充分发挥专业教师的言论、行动、为人处世的态度对学生耳濡目染、潜移默化的正面作用。同时，高校还应该要求教师在各专业教学中，注重学生的心理需求，善于挖掘并利用各专业中心理健康教育的因素，积极主动地提升学生的综合素质。

3. 加强对心理健康教育保障机制的研究

大学生心理健康教育保障的相关理念需要被提升为科学的理论，这样才能推动实践工作的进一步发展。各高校在大学生心理健康教育的具体实施过程中，会出现很多问题，这些问题的解决必须依靠丰富的理论研究。因此，针对高校大学生心理健康教育保障机制的理论研究是至关重要的。在高校大学生心理健康教育保障机制中，设立专门研究心理健康教育保障机制的部门或岗位，可充分体现此机制的持续性、流动性和内在联系等特征。研究保障机制既有助于提升大学生心理健康教育保障机制的完善程度，同时这也在这一机制中扮演着至关重要的角色，可以有效地保障各高校运用科学的理论研究成果去指导心理健康教育的实践，以确保大学生心理健康教育的可持续发展。

因此，各高校应在推进大学生心理健康教育工作的同时，进一步加强心理健康教育保障机制的研究，不断提高心理健康教育工作的实践水平与工作成效，切实促进大学生心理健康教育的可持续性发展。

参考文献

[1] 陈宪章，赵铸，姜雪凤 . 民族院校大学生心理健康教育的文化价值取向研究 [M]. 北京：民族出版社，2014.
[2] 张向葵，赵晓杰，毕有余，等 . 社会文化转型下大学生心理健康问题及其教育工作标准的建立 [M]. 长春：北方妇女儿童出版社，2013.
[3] 张冬梅，谷丹 . 大学生心理健康教育 [M]. 北京：北京邮电大学出版社，2018.
[4] 黎进深，殷红敏 . 大学生思想政治教育工作与心理健康教育 [M]. 北京：中国文史出版社，2015.
[5] 格桑泽仁 . 大学生心理健康教育理论与实践 [M]. 成都：四川大学出版社，2009.
[6] 唐植文 . 当代大学生心理健康教育 [M]. 北京：北京邮电大学出版社，2013.
[7] 孟庆荣，陈征澳 . 大学生心理健康 [M].2 版 . 北京：清华大学出版社，2011.
[8] 葛廷友 . 大学生心理健康 [M]. 北京：北京航空航天大学出版社，2013.
[9] 王莹，渠岩，姜华 . 艺术院校大学生心理健康教育 [M]. 北京：文化艺术出版社，2020.
[10] 尹顺民 . 中华优秀传统文化对促进大学生心理健康的积极作用 [J]. 卫生职业教育，2015，33（17）：155-157.
[11] 李奇 . 专业出版机构转型升级和融合发展的路径探索 [J]. 新阅读,2021（10）：32-33.
[12] 张丽 . 中国传统文化对大学生心理健康教育的应用价值分析 [J]. 心理月刊，2023，18（19）：231-233.
[13] 郭楠 . 中华优秀传统文化融入大学生心理健康教育课程研究 [J]. 公关世界，2023（16）：111-113.

[14] 廖文娜，罗向晗，孙奕 . 文化自信视域下大学生心理健康教育的实践路径 [J]. 广东开放大学学报，2022，31（6）：87-92.

[15] 刘萍，杨彬 . 中华优秀传统文化融入大学生心理健康教育的应用研究 [J]. 科教导刊，2023（16）：139-141.

[16] 邹文荣 . 中华优秀传统文化融入大学生心理健康教育探析 [J]. 湖北开放职业学院学报，2021，34（24）：64-66.

[17] 王冰，强添纲，钱淑红 . 普通高校少数民族学生心理健康分析 [J]. 中国成人教育，2010（10）：68-69.

[18] 国智丹 . 传统文化引入大学生心理健康教育路径研究 [J]. 湖北开放职业学院学报，2021，34（8）：107-108.

[19] 李超毅 . 多元文化对大学生心理健康教育的影响及对策 [D]. 延吉：延边大学，2016.

[20] 刘婉君 . 传媒文化对大学生心理健康的影响与对策 [D]. 广州：中山大学，2011.

[21] 黄元章 . 竞争文化视域下的大学生心理健康研究 [D]. 广州：中山大学，2010.

[22] 张泽强 . 老子心育思想对当代大学生心理健康教育的启示研究 [D]. 湘潭：湖南科技大学，2012.

[23] 马昕 . 基于手机 APP 的大学生心理健康教育实效性研究 [D]. 西安：西安工业大学，2016.

[24] 梁小玲 . 大学生心理健康教育获得感研究 [D]. 南昌：南昌大学，2023.

[25] 董慧 . 新时代大学生健康社会心态培育研究 [D]. 长春：吉林大学，2022.

[26] 杨艺旋 . 社会支持对大学生心理健康的影响研究 [D]. 成都：四川省社会科学院，2021.

[27] 陈虹 . 新时代高校心理育人价值实现研究 [D]. 福州：福建师范大学，2021.

[28] 吴霞 . 改革开放以来大学生心理健康教育研究 [D]. 重庆：西南大学，2015.